공유주택
은공1호 이야기

공유주택 은공1호 이야기

초판 1쇄 인쇄 2023년 2월 10일
초판 1쇄 발행 2023년 2월 10일

지은이 은공1호사람들
기획 김남현 김선애 김유신 김향 박민수 송보영 안지훈 오경욱 정설 정영경
책임편집 김재실
표지그림 이혜원
디자인 선주리 신병근 이혜원
펴낸곳 오늘
등록 제2020-000014호
주소 서울시 도봉구 도봉산길35 1동 304호
전화 070-4007-5104
팩스 0504-495-4367
오늘 oneulbook@naver.com
오늘공동체 페이스북, 인스타그램 @oneulcom

ISBN 979-11-978843-1-3 03330

공유주택 은공1호 이야기

은공1호사람들 지음

오늘

도봉산 아래 안골마을에 자리 잡은 은공1호.
40여 명의 은공1호사람들이 같이 먹고, 자고, 노는 아늑한 둥지다.

공유주택 은공1호 여행

주거 형태는 사람들의 필요를 반영하며 시대마다 변화합니다. 1980년대 말~1990년대 초에 방영한 인기 드라마 〈한 지붕 세 가족〉처럼 당시에는 마당을 공유하는 다가구 주택이 많았습니다. 그리고 20여 년이 지나서부터는 예능 프로그램 〈나 혼자 산다〉가 대변하는 1인 가구가 부쩍 늘어 부부와 자녀로 이뤄진 가구의 수를 추월해 대세로 자리 잡았습니다. 그런 흐름에서 최근 몇 년 사이 새로운 주거 형태가 등장했습니다. 바로 공유주택입니다.

공유주택은 비혈연 관계 사람들이 한집에 살면서 특정 공간을 공유하는 주거 방식입니다. 20~30대는 원룸이나 고시원에서 벗어나 셰어하우스를 선택하고, 자식이 성인이 된 부부들은 친구 부부와 모여 살 집을 꿈꿉니다. 최근 각광받는 실버타운도 일종의 공유주택이라고 할 수 있을 것 같습니다. 이제 집은 의식주만을 해결하는 곳이 아니라 가족 이외의 사람들과 관계 맺고 여가를 즐기는 곳으로 변모하는 중입니다. 이런 흐름을 반영하듯 이곳 공유주택 '은공1호'를 다양한 매체와 프로그램에서 취재했습니다. 2018년에는 TBS 〈공간사람〉 '47인의 공유공간, 은혜공동체 협동조합주택', 2019년에는 〈SBS 스페셜〉 '간헐적 가족', 〈EBS 저녁뉴스〉 '사회적 가족의 추석나기' 등의 프로그램에서 소개되었습니다. 2019년 10월에는 방문객만 600명이 넘기도 했습니다.

물론 모두에게 힘든 시간을 준 코로나의 그늘이 이곳에도 드리웠습니다. 거리두기가 절대적으로 필요해진 시기에 모여 사는 삶은 몇 배로 철저한 주의를 요했습니다. 방역지침을 따라 살 떨리게 보내는 시간 속에도 작은 빛은 있었습니다. 관계 단절로 인한 코로나 블루를 조금이나마 비껴갔다는 점입니다. 이전처럼 가깝게 지낼 수는 없었지만, 조금 떨어진 거리에서 마스크를 쓴 채더라도 매일 함께 살아가는 사람이 있다는 체감은 힘든 시기를 이겨내는 에너지가 되었습니다.

《공유주택 은공1호 이야기》는 도봉산 아래 자리한 집, 세 돌 지난 막내부터 50대 장년까지 40여 명이 함께 사는 공유주택 '은공1호'를 소개하는 책입니다. 집은 어떻게 생겼는지, 이곳에서의 삶은 어떠한지에 대해 주거인들이 직접 작성한 글을 모아 엮었습니다. 초등학교 고학년생부터 싱글들, 한부모가정의 엄마, 아이 없는 부부와 맞벌이 부부 등 다양한 사람들의 공유주택 생활기가 적혀 있습니다. '책으로 떠나는 집들이'라고 부르면 적절할 것 같습니다. 새로운 주거 형태를 고민하는 분들, 행복한 삶을 찾는 분들, 가족 외 또 다른 인간관계를 원하는 분들에게 하나의 모델 혹은 아이디어로 다가갔으면 합니다. 책을 읽고 더 궁금한 점이 있다면 편히 놀러 오세요. 늘 반갑게 환영합니다.

우리의 삶을 책에 담으면 좋겠다는 이야기가 나온 지 벌써 4년이 훌쩍 넘었습니다. 각자 생업을 가진 사람들이 만들다 보니 꽤 오래 걸렸습니다. 글의 기술은 덜할지라도 진심을 담고자 노력했습니다. 마침내 책을 출간합니다. 이런 기회 덕분에 은공1호를 짓는 데 도움 주신 많은 분들과 먼 길 찾아와주신 손님들의 얼굴을 다시 한 번 떠올리며 고마움을 느낍니다. 마지막으로 관심 가지고 책장을 열어준 독자 분들께 감사한 마음을 전하고 싶습니다.

이들은 함께 살기로 했다

오늘공동체는 뜻밖의 선물이었다. 인간은 함께 어울려 살아가지 않으면 행복해지기 어렵다고 확신하면서도, 인간들과 '함께'하는 데 대한 두려움이 내게도 있었기에 그 두려움을 삶으로 불식해주는 그들의 출현은 뜻밖이고 놀라웠다. 자살율과 저출산율이 말해주듯이 함께 사는 게 너무도 버겁다는 한국 사회에서 오늘공동체라니. 마치 현실에선 존재하지 않는 신화나 전설 속의 낙원을 만난 듯했다.

마을공동체 순례기 《우린 다르게 살기로 했다》(조현 지음, 휴 펴냄, 2018년)를 펴내고, 전국에서 강연 요청이 쇄도해 100번은 강연을 한 것 같다. 마을공동체 강연을 할 때 대체로 첫 번째 소개한 주인공은 지금은 오늘공동체로 이름을 바꾼 은혜공동체, 즉 '은공'이었다. 은공을 생각하면 내 스스로가 흥분이 되었고 기쁨이 넘쳤기 때문에, 말 이전에 그 공동체의 밝고 맑은 기운에 청중들도 동화됐다. 은공을 생각할 때면 마치 맛있는 아이스크림이나 초콜릿을 먹거나 향긋한 차를 마실 때처럼 저절로 미소가 지어졌으니 청중들도 은공의 기운을 내 표정에서 느낄 수 있었을 것이다.

하지만 사람 사는 세상에서 생각의 차이, 습관의 차이가 없을 수 없고, 크고 작은 갈등 또한 있는 것은 당연하다. 그런 게 전혀 없어야 한다는 생각이야말로 전체주의다. 은공의 첫 번째 집 은공1호에도 다양한 사람들이 모여 지지고 볶지만, 남다른 케미를 보이는 것은 틀림없다. 처음 은공1호 사람들을 마주한 인상은 마치 뽕 맞은 듯이 유쾌하고 행복하다는 것이었다. 가족의 울타리를 넘어선 네 개 부족의 부족살이와 70여 개의 각종 동아리들이 이들을 종으로 횡으로 엮으며 벽과 어색함을 녹여주었다. 어느 날은 아이들에게 점령당하지 않은 밤, 어른들만의 구역이 된 3층 바에서 은공1호 사람들과 맥주와 포도주를 마시며 수다를 떨다 보니 새벽 3시가 넘어버렸는데, 그렇게 시간이 빨리 가는 줄도 몰랐다.

그런 환희가 단지 놀고, 먹고, 즐기는 것에서만 올 수 있을까. 나의 관심사는 그런 '조직의 단맛'이 어디에서 나오는 것일까였다. 외적인 시스템도 남다르지만, 은공1호의 남다른 삶을 가능하게 한 비밀은 겉 삶만이 아닌 내적인 정비에 있다. 박민수 대표 부부에서 비롯한 심리상담이 정착되어 응어리를 풀어준 것이 관계의 문제를 상당 부분 해소시키는 큰 구실을 하고 있다. 또한 이들은 인문학을 공부하는 데 있어서 남다르다. 애초 크리스찬들로 출발했지만, 기성 교회에서 주일과 평일이 다르고, 교회 안과 교회 밖 일상의 삶이 다른 경향이 짙은 것과 상반되게 이들은 신앙을 일상화했다. 관성적인 예배나 찬송보다는 깊이 있는 인문학 공부와 영성을 통해 자본주의적 욕망과 경쟁을 넘어선 가치관을 내면화하면서 삶과 신앙이 분리되지 않았다. 특히 이들이 열려 있다는 점이 오늘공동체를 더욱 아름답게 한다. 마치 컬트처럼 닫힌 공동체와는 달리 세상의 고통과 아픔에 관심을 갖는 열린 자세가 이들을 더 크게 한다. 열려 있다는 것은 실수와 갈등이 더 큰 문제로 비화하는 것을 막아준다. 늘 자신의 잘못을 수정할 가능성을 활짝 연다는 뜻이기 때문이다.

특히 은공1호사람들이 고마운 것은 공동체적 삶을 배우고 싶은 이들에게 문호를 열어주고 있다는 점이다. 자기들로선 내밀한 숙소이기도 하기에 그들만의 프라이버시가 필요함에도 말이다. 그 점에서 오늘공동체는 시대의 선구자고 예지자고, 봉사자가 아닐 수 없다. 아프리카에 간 사람들만이 선교사가 아니다. 사람들과 어울려 살아가는 데 대한 두려움이 커서 스스로 장벽을 치고, 벽창호가 되고, 은둔자가 되어버리는 사람들이 늘어나는 한국이다. 그런데 홀로 숨지 않아도 된다는 것을, 완벽하지 않아도 서로 보듬으면 부족을 채워갈 수 있다는 것을, 함께하면 아픔을 덜고 기쁨이 배가 된다는 것을, 은공1호사람들이 있는 그대로 보여줘 우리에게도 함께 살아갈 용기를 주고 있다. 자신들의 경험을 이렇게 책으로 진솔하게 나눠주는 이들이 소중하고, 자랑스럽고, 고맙다.

"보라. 형제가 연합하여 동거함이 어찌 그리 선하고 아름다운고."

조현
〈한겨레〉 기자, 유튜브 '조현TV휴심정' 운영자

차례

1부 경계를 허문 더 큰 가족

2부 공간은 함께 누릴 때 더 커진다

공유공간을 강조한 디자인 콘셉트 　 120

1 　 지하 약동하는 은공1호의 뿌리

2 　 1층 모두에게 열린 품 넓은 그루터기

3 　 2층 성장과 성숙이 자라는 가지

5   옥상 사계절을 품은 힐링캠프

3부 슬기로운 공유주택 생활 비법

1   조직하고 실험하기

네가 있어 좋아. 오늘도 행복하자!

은공1호의 구조와 삶을 소개하기에 앞서 구성원들에 대한 배경을 소개하면 좋을 것 같다. 이곳에서의 삶은 구성원들의 특징과 삶의 방식을 기반으로 세워져 유지되기 때문이다. 은공1호 구성원은 혈연을 기반으로 한 가족보다는 사회적 가족에 가깝다. 서로 알고 지내던 사람들이 의기투합해서 삶의 공간을 함께 만들었다. '은공1호'는 주택협동조합 은혜공동체의 첫 번째 집을 줄여 말한 이름이다. 여기서 '은혜공동체'는 이 주택을 만들기로 한 사람들의 모임으로, 1년 전 '오늘공동체'로 이름을 바꿨다.

오늘공동체(구 은혜공동체)의 역사

오늘공동체는 2000년 은혜공동체교회란 이름으로 시작됐다. 리더인 박민수 대표는 이전에는 다른 교회에서 사역을 하면서 청년들과 다양한 모임과 활동을 했다. 사람들과 만나면서 성경에서 말하는 함께 살아가는 공동체에 대한 꿈을 품었고 이후 사역하던 교회를 나와 몇 명의 청년들과 함께 양육과 훈련, 상담과 소통을 중심에 두는 은혜공동체

교회를 일궜다. 박민수 대표는 진정성 있게 사람들을 돕자는 마음에서 청년들의 멘토가 되어 상담을 시작했다. 지속적인 상담을 통해 사람들의 근원적인 욕구는 관계에 있다는 것을 알게 되었다. 사람은 '관계욕구'가 채워지면 행복을 느끼지만 부족하면 내적 고통을 겪거나 심리적으로 병든다는 사실을 깨달았다. 또한 청년들과 오랜 기간 토론식 성경공부를 하며 예수가 전한 메시지와 가치에 주목했다. 성경에서 예수가 그린 인간의 행복은 하늘로부터 오는 축복이나 죽음 이후 천국 입성에 있지 않고 너와 나 '관계' 안에 있었다. 예수는 혈연이나 인종을 넘어 보편적 인류애를 품고 살아가는 사람들의 모임을 진정한 공동체라고 말하고 있었다. 마음의 병을 치료하고 사람들을 행복하게 하는 가장 확실한 방법이 공동체였던 것이다.

박민수 대표는 행복한 관계를 맺도록 매일 멘티들의 이야기를 들었고, 개인의 심리적 문제를 해결하기 위해 분투했다. 시간이 흐를수록 박민수 대표를 멘토로 여러 멘티가 모였다. 뜻을 같이하는 멘티 몇 명은 가까운 지인들의 멘토 역할을 했다. 이러한 멘토와 멘티 관계들이 모여 서로가 행복한 관계를 위한 가치에 집중했다.

오늘공동체(이하 공동체*) 내의 멘토와 멘티의 상담시간을 '일대일'

● 본문에서 자주 쓰이는 단어 '공동체'는 오늘공동체원들이 일상에서 오늘공동체를 줄여서 일컫는 말이다.

이라고 칭한다. 공동체는 일대일과 일요일 전체모임, 소그룹 모임, 그리고 공동체학교를 근간으로 유지되어왔다. 일대일은 회사와 가정 등에서 마주치는 개인 삶의 문제뿐 아니라 신경증과 성격장애 등까지 다루는 심리 상담과 비슷하다. 지금은 박민수 대표 외에도 여러 명의 멘토가 있다.

일요일 전체모임에서는 예수가 전하고자 했던 가치를 배우고, 사회문제를 공부하며, 공동체원들의 삶의 변화를 듣기도 하고, 소외된 사람을 위한 일을 고민한다. 전체모임 후 10명 내외의 소그룹 모임에서는 서로의 일상을 나누면서 기쁨은 공유하고 슬픔은 위로한다. 이 외에도 주 1회로 약 1년 정도 진행하는 공동체학교를 운영하고 있다. 공동체학교 참여자 중에는 비기독교인도 많았다. 다양한 사람들이 모였지만, 참여한 목적은 하나같이 '행복한 삶'이었다.

행복은 관계의 질에 달렸다. '관계의 질'을 결정하는 두 가지 요인 중 첫째는 의지이다. 구성원 모두 함께하는 사람들을 이해하고 보듬고 가려는 의지가 있다면 그만큼 관계의 질이 높고, 구성원 모두는 깊은 안정감과 높은 행복감을 느낀다. 둘째는 문제 해결이다. 어떤 관계든 반드시 문제는 생긴다. 중요한 것은 문제의 유무보다 문제 해결에 있다. 공동체는 문제 해결을 최우선 순위에 두고 고민하고 노력했다. 문제가 해결된 관계에는 좋은 정서가 쌓였고 각자의 행복도도 올라갔다.

'은혜공동체교회'로 시작한 공동체는 2014년부터 '교회'라는 말을 없애고 '은혜공동체'로 부르다, 2021년에는 미래를 걱정하며 불안해 말고 지금 곁에 있는 사람들과 오늘 하루 행복하자는 공동체의 핵심 가치를 반영해 '오늘공동체'로 바꾸었다.

공유주택 은공1호가 완성되기까지

공동체가 추구하는 행복한 삶, 행복한 관계가 저절로 이뤄진 것은 아니었다. 장편소설로 써도 모자랄 만큼 많은 크고 작은 갈등과 분쟁 그리고 그만큼의 해결 과정이 있었다. 음주, 연애, 비난, 지적, 비하, 시기, 질투 등의 사건이 끊이지 않았다. 문제는 대부분 강한 욕구와 자기우월감에서 비롯됐다. 내가 원하는 바를 얻기 위해, 내 감정이 정당하다는 확신으로 상대의 감정과 마음을 뭉개버릴 때 그 관계는 어려움을 겪게 된다. 이런 상황이 일어나면 사건은 멘토에게 공유되고, 멘토의 중재를 통해 차분하게 하나씩 정리해간다. 상대의 감정을 뭉갠 사람은 자신의 과오를 반성하며 진심 어린 사과를 하고, 사과를 받은 사람은 사과하는 사람의 진심을 느끼고 이해하는 과정을 거치며 자신의 마음도 풀리게 된다. 멘토는 개인의 문제를 해결하기 위해 다양한 처방과 훈련을 제시하기도 하는데, 그 과정에서 몇몇은 훈련이 힘들고 자신의 민낯과 직면하는 일이 어려워 공동체를 떠나기도 했다. 성장은 때로 고통스러웠지만, 이 과정을 통해 공동체원들의 내면은 성숙해갔다.

그러던 중 공동체원들의 주거 문제가 이슈가 됐다. 전세금이 없어 한 칸 남짓한 방에서 수년간 열악하게 사는 가난한 대학생과 직장인, 혼자 사는 여성을 노리는 범죄에 노출되어 불안하고 정서적으로 외로운 여성, 그리고 이혼으로 육아와 생계 활동을 병행해야 하는 돌싱들이 안심하고 살 자리가 필요했다. 그래서 공동체는 연합가족을 구성했다. 연합가족은 모두 네 가정이 꾸려졌다. 남성 넷이서 각자의 보증금을 모아 널찍한 거실과 주방이 있는 빌라를 빌렸고, 싱글여성 네 명은 큰 도로에 인접한 안전한 단독주택의 2층을 얻었다. 또 이혼한 여성 두 명과 아이 넷, 싱글여성 둘이 함께 사는 집, 이혼한 여성과 아이 하나, 청년 둘이 함께 사는 집이 만들어졌다.

연합가족이 모두 행복하게 산 것은 아니다. 서로 불편해지고 그 불편함이 반복돼 결국에는 해체되기도 했다. 반면 실질적인 필요를 넘어서 서로에게 행복과 성장을 가져다주는 가족 관계로 발전하기도 했는데, 피를 나눈 가족보다 더 가족 같고, 더 의지하고, 서로 쉼이 되는 관계가 되었다. 이런 사례를 보며 '생활공동체'를 이루어 같이 사는 삶에 대해 더 기대하고 꿈꾸기 시작했다. 그러다 2014년 초 공동체 전체모임에서 '우리동네사람들'이라는 청년공동체가 비혈연 가족을 꾸려 살아가는 내용이 나오는 다큐 〈SBS 스페셜〉 '적게 벌고 더 잘 사는 법—도시부족의 탄생'을 보았다. 우리도 그들처럼 혈연을 넘어선 가치 지향의 사회적 가족을 꾸려서 함께 살면 좋겠다는 마음이 커져 더 적극적으로 알아보게 되었다.

2015년 몇 군데의 부지를 선택해 공동체원 전체가 같이 탐방을 하고, 건물을 지었을 때 장단점 등을 토론한 끝에 현재의 '은공1호' 집터를 최종 선택했다. 도시이면서도 시골 같은 정감을 주는 곳이었다. 건축사는 공동체를 여러 번 방문해 우리가 생활하는 방식이나 즐기는 문화, 공유하는 가치 등을 탐구하였고 그 점들을 고려해 공유공간이 중심이 되는, 그렇지만 개인공간도 적절한 설계안을 제시했다. 만나면 반갑고 뭘해도 즐거운, 그럴수록 더 자주 보고 싶어 공유주택을 짓고 한집에 다같이 살아보자는 큰 결정을 내린 우리에게 적합한 설계도였다.

2016년 공사가 시작되어 건물의 골조가 올라가는 동안 건축사와 입주자들 간 약 20차례 회의를 거쳤다. 대략의 설계에서 세세한 인테리어 소품까지 디테일을 잡아가는 과정이었다. 지하에서부터 옥상까지 이어지는 계단은 고무나무로 마감을 하고, 주거공간 내 계단 단차를 낮추어 아이들도 쉽게 이동할 수 있게 했다. 계단 밑 공간, 자투리 공간, 옥상

등 어느 한 곳 버려지는 곳 없이 공유공간으로 활용할 수 있는 여러 곳에 활동 공간을 꾸몄다.

2017년 7월 은공1호가 완공되고 공동체원 모두가 들어온 것은 아니었다. 설계 초기부터 입주자를 모집하고 어떻게 각 셰어하우스별로 구성할지 고민했다. 입주자 47명을 크게 네 묶음으로 나누고, 한 묶음을 '부족'이라고 불렀다. 그렇게 1~4부족이 탄생해 은공1호에 입주해서 살게 되었다.

2023년 2월 현재, 입주 만6년이 되어간다. 퇴근 후 다시 육아 출근을 해야 했던 엄마 아빠들의 삶은 저녁과 주말이 있는 삶으로 바뀌었다. 독박육아를 하던 주부는 취미생활을 누리고 있다. 아이를 다 키운 엄마들은 꿈을 이루기 위해 배움의 시간을 갖고 있다. 은공1호 입주자들의 소소하지만 특별한 일상, 함께 꾸리고 이어온 활동, 그것들이 이루어진 공유공간, 그리고 각자에게 다가온 변화의 과정을 투박하지만 진솔하게 소개한다.

오늘도 행복하자

구성원들에게 공유주택 은공1호에 살기로 결정한 이유를 물어보면 행복하기 위해서라고 답한다. 구성원들은 이곳 생활에 만족한다. 함께 살기 위한 노력을 하고, 관계를 위해 의지를 낸다. 작고 큰 문제도 발생하지만, 그 또한 열심히 대화해서 문제 해결을 위해 고민하고 다가간다. 모든 문제는 해결이 되어 다시 즐겁고 행복한 생활로 돌아간다. 모두가 매일매일 함께 사는 것을 선택하며 끊임없이 노력하는 덕분이다. 행복한 관계는 은공1호 생활의 모토이다. 그래서 은공1호 구성원들이 서로에게 "안녕!"이라고 인사할 때 이런 속마음이 들리는 것 같다.

'네가 있어 좋아. 오늘도 행복하자!'

1부

경계를 허문 더 큰 가족

2017년 은공1호로 입주하기 전, 오늘공동체는 연합가족이라는 이름으로 몇 가족이 한집에서 함께 사는 실험을 했습니다. 혼자 살기 외롭고 무서워서, 혼자(부부가) 아이를 키우기 어려워서, 혼자(한 가구가) 집값과 생활비를 감당하기 어려워서, 함께 사는 생활을 해보고 싶어서 등 함께 살아야 할 동기와 필요가 있는 몇 가구가 한집에서 모여 살았습니다. 연합가족으로 사는 것이 따로 살 때보다 더 안정감 있고 행복하다는 경험이 쌓이면서 더 넓은 공간에서 더 많은 사람이 함께 살면 어떻겠냐는 내부의 의견이 커졌습니다.

처음 은공1호를 설계할 때는 가구당 한 집을 사용하는 연립주택을 생각했습니다. 예산을 세우고 입주 신청을 받는 과정에서 문제가 생겼습니다. 한꺼번에 전세금을 치를 수 없는 가구가 있었습니다. 그동안 연합가족으로 살던 분들 다수가 신청하지 못했습니다. 가구 단위로 신청을 받다 보니 입주할 수 있는 인원도 30여 명 정도에 그쳤습니다. 더 많은 사람이 함께할 수 없을까? 재정이 어려운 사람도 함께할 수 있는 방법은 없을까? 집과 집이 단절된 형태로 모여 사는 것이 과연 함께 살기 위해 한 공간을 짓는 이유를 만족시키나? 이런 의문들에 대해 회의하기 시작했습니다. 조금 더 적극적으로 함께 사는 방식이 무엇인지 고민했고, 그것이 지금의 은공1호라는 결과로 이어졌습니다. 한 건물 안 모든 공간을 문으로 단절하지 않고, 주인의 이름으로 소유하지 않으며 공동으로 사용하는 방식입니다.

연립주택 형식이 아닌 공유주택 형식으로 바꾸니 입주 인원도 40여 명으로 늘었고, 그만큼 개별부담액이 줄었습니다. 재정이 부족한 분들에게는 월세전환 방식으로 신청할 수 있도록 했습니다. 이보다 더 중요한 것은 경계를 허문 더 큰 가족이 생기게 된 것입니다. 개방과 공유, 그것이 은공1호 건물이 가진 철학이 되었습니다. 남은 문제는 개방과 공유를 어떻게 실현할까였지요.

입주할 사람들은 제각기 다른 환경에 있었습니다. 나이도 성별도 직업도 경제력도 다 다릅니다. 싱글인 남녀가 있고 커플인 남녀가 있습니다. 결혼을 선택한 커플도 있지만 그렇지 않은 커플이 있고, 아이가 있는 부부가 있고 아이 없는 부부도 있습니다. 청소년이 있는가 하면 태어난 지 얼마 되지 않은 아이도 있습니다. 이런 다양한 사람들이 개개인의 삶을 만족시키면서 함께 사는 삶을 풍요롭게 누리는 방법이 무엇일까 고민한 끝에 너무 많지도 적지도 않은 수의 무리로 사람들을 묶어보는 것을 생각했습니다. 기존 연합가족으로 살았던 경험을 되살려본 것이지요. 물리적으로 가까이 있으면서 경제적·정서적 한 단위로 묶어 생활하는 것입니다.

열 명 내외가 한 단위를 이루는 적정한 수라는 데에 이견이 없었습니다. 대신 개방과 공유라는 은공1호 철학을 실현하기 위해, 혈연관계의 가족을 해체했습니다. 혈연가족에 다른 혈연가족과 또 다른 혈연가족이 더해진 큰 가족이 한 단위가 될 경우, 다른 단위의 무리와 자신도 모르게 적대적이 될 수도 있을 상황을 고려한 결과입니다. 아이와 부모가 다른 무리에서 살 수도 있는 형태입니다. 각각의 무리에서 아이는 아이대로, 부모는 부모대로 살지만 혈연관계의 가족이라는 점은 변하지 않습니다. 따로 떨어져 지내는 듯해도 함께 사는 것과 다르지 않습니다. 혈연관계가 아닌 타인을 가장 가까운 가족으로 여기며 살면서 서로에 대한 배려와 존중, 섬김을 배우게 됩니다. 내 가족을 떠나 더 큰 가족을 만나게 됩니다.

혈연관계가 기준이 되지 않고 정서적 교류를 할 수 있는 더 큰 가족, 이 특별해 보이는 단위를 은공1호에서는 '부족'이라 칭합니다.

은공1호에는 네 개의 부족이 있습니다. 현재 1부족은 아이가 있는 세 세대와 동거 커플, 싱글남성 두 명이 구성원입니다. 2부족은 아이가 있는 세 세대로만 구성되었습니다. 3부족은 아이가 없는 세 세대와 청소년들이, 4부 족은 싱글여성들과 한부모인 여성 세 명, 청소년 한 명이 생활합니다. 각 부 족은 하나의 큰 가족이 되어 친밀하게 지내고 있습니다. 아이들의 성장에 따 라 혹은 구성원의 필요에 따라 거주공간을 다른 부족으로 옮기기도 합니다.

부족마다 생활 문화는 조금씩 다릅니다. 각 부족의 의사 결정은 회의를 통해 해나가며, 재정 관리도 독립적으로 하고 있습니다.

부족이라는 큰 가족이 되어 살아가는 동안 개개인에게 생긴 변화들이 많습니다. 1부에서는 성별도 연령도 처지도 다른 은공1호사람들이 각자의 목소리로 어울려 사는 모습을 그립니다. 은공1호에 들어와 일상이 어떻게 변하고 생각이 얼마나 자랐는지도 고백합니다. 경계를 허문 더 큰 가족의 힘이 얼마나 센지 확인할 수 있을 것입니다.

1

같이 키우다

승엽

공동육아, 아이는 공동체가 키운다

아이를 키우는 사람 중에는 차례에서 '공동육아, 아이는 공동체가
키운다'라는 제목을 보고 바로 이 글이 있는 페이지를 펼쳐 든 분들이
많을 것 같다. 그만큼 육아는 혼자 하기 버겁고 힘든 일이기 때문일 것
이다. 육아를 함께하는 방법 중 하나로 많은 사람이 공동육아에 관심을
가지고 있다. 오늘공동체는 은공1호가 완공되고 다수가 모여 살게 되면
서 나름의 공동육아를 실행해가고 있다. 공동육아는 이미 여러 공동체
와 지역에 도입되어 많이 알려졌지만, 공동육아를 구체적으로 들여다보
고 싶은 분들에게 이 글이 도움이 되기를 바라는 마음으로 소개하려고
한다.

모두가 돌아가며 저녁 돌봄 담당을

2017년 8월, 40여 명이 은공1호 주택으로 이사해서 살게 되었다. 어른들은 공동생활이 시작된다는 면에서 약간은 긴장감이 있었다. 하지만 아이들은 달랐다. 긴장감은커녕 아침에도, 오후에도, 저녁에도 함께 놀 수 있다는 사실에 들떠 있었다. 그런 아이들을 보고 있으면 마냥 기분 좋고 행복해하는 마음이 전해져서 흐뭇했다.

공유주택 생활이 시작되면서 건물 지하 1층 유아방(새싹방)에 유치 아이들 일곱 명을 위한 대안유치원(안골유치원)도 개원했다. 이곳은 평일에만 운영되며, 아침 9시에 등원하고 저녁 6시 30분에 하원한다. 온종일 놀이시간에 재밌게 논 아이들은 유치원을 마치고도 더 놀고 싶어 했다. 하원하고 집에 돌아가도 한 건물 안에 친구가 살고 있으니 어찌 그렇지 않을 수가 있을까. 유치원이 집이고, 집이 유치원이다 보니 부모도 아이를 픽업할 생각을 하지 않았다. 퇴근이 늦는 부모도 크게 걱정을 하지 않았다.

하원 시간 6시 30분이 넘어도 부모가 나타나지 않자 계속 놀고 싶은 아이들은 지하 1층 안골유치원 바로 옆에 마련된 공유식당(햇살식당)으로 몰려갔다. 그곳엔 저녁 식사를 준비하는 미정이 있다. 미정은 오늘 공동체 구성원으로 정말 맛있는 한식 조리의 대가이다. 매일 저녁 서른 명이 넘는 인원의 식사 준비를 한다. 아이들이 놀다 보면 어른이 개입해 해결해줘야 할 갈등도 계속 발생한다. 아이들은 서로 불편한 일이 생기면 미정을 찾아가 도움을 요청했고, 미정은 아이들을 도와주다 보니 자신의 일이 힘들어졌다. 아이들은 맛있는 밥을 주고 늘 웃음으로 대하는 미정 이모가 좋아서 간 것이지만, 미정 입장에서는 이 시간에 요리를 하면서 아이들까지 돌보는 것은 불가능한 일이었다. 이런 상황을 몇 번 견딘 미정이 어려움을 토로했다.

미정이 힘들었을 것을 생각하니 아차! 싶으며 미안한 마음이 한가득 생겼다. 이 상황을 해결해야만 했다. 한집에 사는 아이들을 유치원이 마쳤다고 각자 부족에서 알아서 돌보라고 하려니, 그것도 미정의 사례처럼 비슷한 문제가 생길 것 같아 좋은 방법이 아니라는 생각이 들었다. 그래서 부모들이 순번을 정해 하원 이후 시간에 아이들을 돌보기로 했다. 평일 저녁 6시 30분부터 8시 15분, 8시 15분부터 10시까지 두 타임으로 나누어 하루에 부모 두 명이 한 타임씩 돌봄을 하기로 했다. 부모들은 각자의 사정에 맞게 일시를 정해 아이들을 돌봤다. 그렇게 하다 보니 부모 한 명당 한 달에 4~5일 정도 돌봄에 참여하게 되었다.

그런데 해가 바뀌자 유치 아이 중 두 명이 초등학생이 되면서 돌봄 대상에서 제외되었고, 자연스럽게 그 부모도 돌봄에서 빠지게 되었다. 돌봐야 할 아이는 일곱에서 다섯으로 줄었지만, 전체 돌봄 시간은 줄지 않고 돌봄을 할 수 있는 부모의 숫자는 줄었으니 더 자주 돌봄을 맡게 된 부모들은 난감해졌다. 여러 고민 끝에 공유주택에 같이 사는 오늘공동체 구성원에게 도움을 구하기로 했다. 대안유치원 교사, 영아를 돌보는 부모, 매일 야근하는 직장인을 제외한 구성원들이 돌봄에 참여해주었다.

부모들은 한 달에 2~3일 정도만 돌봄에 참여하면 되었다. 나머지 20일 정도는 회사에서 마음 편히 야근을 하거나, 2부족 거실(아침살롱)에서 술을 마시기도 하고, 3부족 거실(밤도깨비)에서 영화를 보기도 하고, 4부족 거실(새벽북카페)에서 책을 읽기도 한다. 공유주택 내 여러 공유공간에서 취미활동을 하거나 자기계발을 하다 보니 누릴 수 있는 자유와 행복이다. 이 글을 쓰며 다시 생각해보면 일반적인 부모들은 매일 유치원에서 아이를 픽업하느라 또 밥해 먹이고 돌봐주느라 고생을 하는데, 고작 한 달에 4~5일 정도 돌봄을 하면서도 어려워했던 이곳 부모들은 무슨 복을 타고났나 싶다.

머리 맞대 합의한 공동육아 규칙

은공1호에서 시행되는 공동육아 시스템은 단순하면서도 그 안에 작동하는 여러 기능을 보면 매우 정교하기도 하다. 배정된 시간에 지정된 돌봄이가 아이들이 재밌게 놀 수 있도록 도와주는 것이 전부다. 따로 정해진 프로그램은 없고, 아이들이 많이 거주하고 주로 모여 노는 2부족 작은 거실(아침책마루)에서 돌봄이가 알아서 진행한다. 몸으로 하는 게임을 하며 열렬히 놀아주기도 하고, 책을 읽어주거나 동영상을 같이 보기도 한다. 심플하고 자유롭다. 하지만 활동 상황에서 아이들 간에 혹은 아이들과 돌봄이 간에 갈등이 발생하면 메모해두었다가 회의를 통해 세세하게 규칙을 정함으로써 돌봄 시간이 아이들과 돌봄이에게 행복한 시간이 되도록 노력한다.

어느 날, 저녁 식사 시간 돌봄이가 공유식당에서 식탁을 세팅할 동안 아이들이 자신들의 필요를 채우려고 계속 돌봄이를 불러 돌봄이가 어려움을 호소했다. 그래서 식사 시 지켜야 할 규칙을 만들었다. 아이들은 돌봄이가 멀리 있을 때 큰 소리로 부르지 않고 가까이 올 때를 기다렸다가 정중하게 부탁한다. 예닐곱 살부터는 식탁 깔개와 수저 세팅을 돕는다. 또 주어진 음식을 덜어낼 수는 있지만 음식을 만든 사람의 마음을 배려해 부정적인 평가는 하지 않는다는 내용도 있다.

함께 노는 상황에서 발생한 갈등으로 만든 규칙도 있다. 두 명 이상이 동시에 같은 장난감을 원하면 5분 혹은 10분씩 돌아가며 놀기로 하고 돌봄이가 시간을 잰다. 또 자신의 행동을 상대가 불편하다고 하면, 바로 그 행동을 멈춘다. 누군가에게 마음이 불편하면 상대에게 직접 따지지 않고 돌봄이에게 와서 도움을 구하고 해결한다. 잘못한 아이는 진심으로 사과하게 하고, 잘못한 아이는 진심으로 사과하게 하고, 상대 아이는 괜찮다고 하며 사과를 받는다. 갈등 상황은 돌봄이가 아이 부모에게 공유하며, 해결 과정에서 돌봄이의 훈육 방식을 모든 부모가 신뢰한다. 이러한 규칙들 덕분에 아이들 간에 불편한 감정이 쌓이지 않아 좋은 관계가 이어지고, 돌봄이 이모 삼촌의 돌봄 육아 부담도 줄어들고 있다.

공동생활을 시작한 이상 공동육아는 어쩌면 당연한 수순이었겠지만, 그 시작은 '미정의 어려움'이었다. 그리고 돌봄에 부모들의 부담이 쌓여갈 때 부모들을 구한 건 오늘공동체 구성원들이었다. 돌봄으로 아이들은 하원 이후 매일 3시간 30분이 더 행복해졌고, 그 시간은 가치를 매길 수 없는 것이 되었다. 사실 아이들을 돌보는 것이 고된 일임을 알고 있다. 아이를 돌보는 1분이 10분 같고, 10분이 1시간 같이 느껴지는 일이다. 그럼에도 구성원들은 오늘공동체의 아이를 함께 돌보는 일에 주저함 없이 함께해주었다. 함께 키우겠다는 마음이 느껴질 때마다 가슴이 따뜻해진다. 오늘도 우리 아이는 공동체가 키우고 있다.

혼자 키웠으면 어쩔 뻔

어느 날 남편은 뜬금없이 여섯 살 딸에게 물었다. "서은아, 네 주변에는 엄마 아빠가 없는 아이들도 참 많단다. 그 아이들은 어떨 것 같니?" 서은이는 "안 좋을 것 같아."라고 답했다. 그 대답에 이어 또 물었다. "서은아, 너는 엄마 아빠가 없으면 어떨 것 같니?" 여섯 살 서은이는 잠깐 머뭇거리더니 "안 좋을 것 같아."라고 답했다. 남편은 "너는 엄마 아빠가 없어도 이모, 삼촌, 언니, 오빠, 동생들도 많잖아."라고 말했고, 서은이는 마치 자신이 깜박했다는 듯이 "아, 맞다!"를 외치며 "나 지윤이랑 놀러 간다." 하고 나가버렸다.

주변에 피붙이 가족 말고도 의지하며 지낼 공동체가 있다는 것은 참 행복한 일인 것 같다. 혈연가족의 끈끈함이 느슨해지고 더 많은 사람들이 가족으로 내 마음에 들어올수록 삶의 안정감과 편안함이 커진다는 것을 경험에서 배우고 있다.

2016년 가을, 서은이 세 살 때 일이다. 그때는 은공1호가 지어지기 전이었고, 나는 상계동에 살고 있었으며, 오늘공동체는 회기동에 있었다. 서은이는 2시부터 4시까지 공동체에서 운영하는 방과후학교에 다녔다. 평소와 다름없이 저녁을 먹고 서은이를 씻겨 재우고 잠자리에 들었다. 여느 때와 똑같이 아침에 눈을 떴는데 어지러움이 심했다. 속이 울렁거렸고 걸을 수가 없었다. 내 손길이 필요한 아이는 보채고 나는 움직일 수 없어 남편에게 전화를 걸었다. 조퇴를 하고 온 남편은 나와 서은이를 데리고 병원으로 향했다. 내 상태는 많이 안 좋았다. 공동체 사람들은 병원을 추천해주었다. 응급실에 아이가 들어갈 수 없음을 알고 병원까지 달려와 아이를 봐주었다. 여러 검사가 끝나고 전정신경염과 돌발성난청이 함께 왔다는 진단을 받았다. 스테로이드제를 처방받았고, 약을 먹으면 손실된 청력이 회복될 것이라 했지만 결론적으로 내 청력은 돌아오지 않았다. 그러는 사이 심한 어지럼증과 구토 증상은 지속되었고 꽤 오랜 시간 동안 나는 의지와 상관없이 아이에게 엄마 역할을 할 수 없었다.

이때 공동체 사람들은 적극적으로 도움을 주었다. 내 몸 하나 추스를 수 없는 나를 위해 돌아가면서 아이를 돌봐주었다. 반찬을 가져다주기도 하고, 방과후학교 시간에 맞추어 아이를 데리고 가고 또 집으로 데

려다주기도 하였다. 나는 뭔가를 부탁할 정신도 없이 그저 들이닥친 내 몸 상태에 당황하고 있었고, 어떻게 헤쳐나가야 할지 몰랐다. 그런 와중에 나의 필요를 예측하고 움직여준 것은 공동체원들이었다. 누구보다 나를 잘 알고, 내 상황을 잘 알고 있는 사람들이 곁에 있었기에 나는 큰 어려움 없이 아픔을 넘겼다. 무엇보다 신기한 사실은 그 시기에 서은이는 엄마랑 많은 시간 떨어져 있었지만 더 밝아졌다는 것이다. 이것은 그들이 내어준 에너지 때문임이 분명하고, 공동체는 나에게도 아이에게도 그리고 많은 무게감을 가졌을 남편에게도 긍정의 영향을 주었다. 한쪽 귀가 들리지 않아도 괜찮았다. 나는 좌절감과 슬픔에서 쉽게 빠져나올 수 있었다.

현재는 마사지숍을 운영하고 있지만, 은공1호에 이사 온 지 얼마 안 되어 공동체 사업장인 '오늘야채도시락' 가게 운영을 맡고 있을 때의 일이다. 그 당시 남편도 공동체에서 새롭게 문을 연 떡볶이 가게 일을 도와주기로 해서 우리 부부는 공휴일과 주말에 자주 집을 비웠다.

2018년 1월 1일도 그랬다. 나는 남편에게 서은이를 어떻게 하면 좋을지 의논했다. 서은이는 그 말을 듣더니, "나 돌봄이 붙여줘. 윤지 언니면 더 좋고."라고 했다. 서은이는 소원대로 아침부터 아래층 4부족에 사는 윤지 언니와 놀았다고 한다. 오후에는 윤지 언니와 2부족 가족들과 함께 찜질방에 가서 놀고, 저녁이 되어서야 이모 손에 이끌려 빼꼼 가게 문을 열고 들어왔다. 때 빼고 광낸 얼굴이었다. 엄청 재미있게 보냈는지 표정도 밝았다. 기분이 좋은지 수다쟁이가 되어 진정시키는 데 한

참 걸렸다. 그런 서은이를 데리고 나도 느지막이 데이트했다. 남편이 있는 떡볶이 가게에서 말이다.

우린 같이 혹은 따로여도 안정감 있는 가족이 되었다. 나와 남편은 아이 걱정 없이 각자의 일에 집중할 수 있다. 아이가 분명 행복한 시간을 보내고 있으리라는 믿음 때문이다. 아이 또한 엄마 아빠와 떨어져 있어도 자기가 할 수 있는 모든 것을 동원해 신나게 논다. 함께하는 사람

기꺼이 엄마 아빠가 되어주는 은공1호의 이모 삼촌들은
혼자 키운다면 절대 줄 수 없을 소중한 경험들을 아이들에게 선물한다.
매일매일 아이들의 웃음을 보는 것은 모두에게 크나큰 선물이다.

들이 각자의 경계를 무너뜨리고 서로에게 관심을 가지고 챙겨주기 때문이다. 혼자 키웠다면, 아이에게 이런 경험은 어떤 방식으로도 안겨주기 어려웠을 것이다.

어느 날 저녁, 서은이는 보라가 키우는 개 두 마리를 산책시키는 길에 함께 갔다. 보라를 통해 들은 바로 서은이는 자기보다 몸집이 큰 가람이 목줄을 쥐고 산책을 하면서 "이모! 가람이는 똥 싸는 것도 귀엽다." "이모! 밖이 캄캄한데 가람이(검은 강아지다)도 캄캄하니까 잘 안 보인다."라고 말했다고 한다. 그날부터 보라만 보면 같이 산책 가고 싶다고 하는 것이, 서은이가 가람이에게 푹 빠진 것 같다고 했다. 내가 동물에게 애정을 갖는 편은 아니어서 서은이와 함께 길을 걸을 때도 강아지들을 보면 "귀엽다"라고 표현은 하지만 쉽게 다가가지는 않았다. 그래서 서은이도 자연스레 동물들에게 다가가는 빈도가 낮을 수밖에 없었고, 동물에게 애정을 갖기 어려웠을 것이다. 하지만 공동체에는 다양한 특성을 가진 이모 삼촌들이 있다. 그들은 아이들에게 다양한 경험을 주고 아이들은 그 영향을 받고 자라나고 있다. 혼자 키웠다면, 절대 줄 수 없는 것들이다.

지금은 익숙해진 육아 생활을 이 글을 쓰며 돌아보니 나와 남편, 우리 아이는 정말 운이 좋다는 마음이 들며 새삼 되뇌이게 된다. 혼자 키웠으면 어쩔 뻔!

두 아이 엄마의 싱글 같은 삶

은공1호에 입주한 지 2년이 가까워지던 2019년 2월에 둘째 딸을 낳았다. 육아가 힘들어서 둘째는 절대 갖지 않겠다고 마음먹었는데 갑작스러운 임신 소식에 무척 당황했다. 새 생명이 찾아온 기쁨보다는 하나도 벅찬데 둘은 어떻게 키우나 하는 걱정부터 앞섰다. 둘째 임신 사실을 해외여행 하는 동안 알게 되어 공동체에 카톡으로 소식을 전했는데, 소식을 듣자마자 몇몇 공동체원이 현재 집 실황이라며 동영상을 보내주었다. 공동체원들은 은공1호 집에서 태어나는 첫아이라며 자기 아이가 생긴 것처럼 기뻐하고 환호성을 질렀다. "낳아만 주라. 우리가 키워줄게."라면서 기뻐했고, 진정 나의 육아 부담을 나눠 가질 준비를 한 것처럼 보였다. 사람들의 응원과 환호를 보니 내 마음도 움직였다. '그래, 함께 키워줄 이모, 삼촌, 언니, 오빠들이 수두룩하니 첫째 때보다 훨씬 수월할 거야.' 하며 큰 안정감을 느꼈다.

출산 후 산후조리원 생활을 마치고 은공1호 게스트하우스에서 한 달 동안 몸조리를 했다. 공동체원들은 산모에게 좋은 음식도 가져다주고, 아이도 많이 돌봐주었다. 친정보다 더 편하게 몸조리를 했다. 오가며 말동무도 해주어 육아로 지쳐 있을 때 기분전환을 할 수 있었다. 무엇보다도 첫째 딸까지 돌봐주었다. 첫째 딸 얘기가 나온 김에 은공1호에 오기 전 첫째 딸을 키운 얘기를 하고 넘어가야 할 것 같다.

2015년 첫째 딸을 낳고 2017년 은공1호에 입주하기까지 2년. 그 시간은 육아휴직을 해서 직장에 다니지 않았음에도, 친정엄마가 같은 동네에 살았음에도, 공동체 식구들이 주변에 살고 있어서 언제든 놀러 갈 수 있었음에도 육아가 너무 힘들었다. 아침에 일어나 밤까지 아이와 함께 있으면 아주 잠깐 행복할 때도 있었지만, 힘들 때가 훨씬 많았다. 나와 다른 아이의 신체 리듬에 맞추어야 하고, 집에서나 밖에서나 아이를 지켜보고 따라다니고 안아주어야 하는 일은 육체적으로 매우 힘들었다. 또 아이의 성장과 변화에 따라 부모로서 어떻게 돌보고 대처해야 할지에 대한 고민이 많아 정신적으로도 힘이 들었다.

갇혀 있는 듯한 답답함을 전환하기 위해 날마다 사람들을 만나거나 밖으로 나갔다. 아이가 잠들기를 바라면서 유모차를 끌고 아파트를 수 바퀴 돌기도 했고, 첫째 또래가 있는 공동체원 집에 하루가 멀다고 찾아갔으며, 저녁에는 아이 목욕을 도와달라는 핑계로 친정엄마를 매일 불러 잠깐씩 휴식을 취하기도 했다. 첫아이가 돌이 되면서 공동체에서 운영하는 반나절 방과후학교에 보내면서는 그래도 숨통이 조금 트이긴 했지만, 육아는 늘 버거웠다.

우리 부부는 최초 은공1호 입주 신청을 받을 때 지원하지 않았다. 당시는 아이가 없었고, 넓고 쾌적한 나만의 공간에서 조용하게 사는 것이 좋았으며, 공유공간이 많고 개인공간이 좁은 공유주택에 살면 힘들 거라는 막연한 걱정이 있었기 때문이다. 하지만 아이를 낳고 살아보니 넓고 쾌적한 나만의 공간은 아이가 점령하여 사라져버렸다. 퇴근 후 조용하고 여유롭게 쉬는 것은 불가능해졌다는 것을 남편은 아이를 낳고 바로 체감했다. 게다가 아이를 낳자마자 부서이동과 업무과중이 시작되어 육아에는 전혀 신경 쓸 수 없는 상황이었다. 나는 육아의 버거움에 지쳐 저녁마다 남편을 기다렸으며, 남편의 늦은 귀가로 불만이 쌓여만 갔다. 남편 또한 바쁜 직장생활을 하고 퇴근해도 집에서 여유롭게 쉴 수 있는 상황이 되지 않아 힘들어했다.

우리 부부는 아이를 낳고 얼마 지나지 않아 여러 사람과 함께 사는 것이 육아의 어려움을 더는 가장 좋은 방법이라는 것을 깨달았다. 다행히 뒤늦게 입주할 기회가 생겨 운 좋게 은공1호에 들어올 수 있었다. 남편은 은공1호에 입주하고부터는 육아에 대한 부담 없이 회사일에 집중할 수 있었고, 퇴근 후 편하게 쉬거나 취미생활을 즐길 여유를 가질 수 있었다. 또한 아이가 안전한 집에서 여러 어른들과 언니 오빠들의 돌봄을 받고 자라니 은공1호에서의 삶에 크게 만족해하고 있다.

　은공1호가 완성되고 대안유치원이 건물 안에 생기자 나의 삶에 자유가 찾아왔다. 둘째를 낳기 전에는 첫째가 아침에 유치원에 가서 저녁 돌봄을 마치고 돌아오기까지 길고 평온한 시간이 생겼다. '백수가 과로사한다.'는 말이 있듯이 그동안 못 했던 취미활동, 모임 등을 하면서 즐거운 비명을 지르며 바쁘게 놀았다. 정말 행복한 나날이었다. 그러던 중 둘째 소식을 듣게 되었다. 은공1호에 입주해 육아 부담 없이 첫째를 키웠으니 둘째가 반가웠겠다고 생각할 수 있지만 그렇지는 않았다. 나의 생활패턴과 생체리듬은 이미 아이 엄마가 아닌 자유로운 솔로가 되어 있었기 때문이다. 다시 젖을 먹이고 새벽에 깨어 우는 아이를 달래는 갓난아이 엄마로서의 삶을 살고 싶지는 않았다. 물론 많은 도움을 받으며 수월하게 아이를 키울 수 있는 조건이었지만, 엄마만이 감당해야 하는 시간들이 있기에 다시 그 시간을 보내고 싶지 않았다. 은공1호에서 맛본 자유가 너무 달콤해서 잠시라도 벗어나고 싶지 않았던 것이다.

　하지만 나에게 찾아온 생명을 어느 누구보다도 기뻐해주는 공동체원 덕분에 둘째를 환영할 수 있었고, 갓난아이 엄마로 사는 시간을 여유 있게 받아들일 수 있었다. 홀로 힘들게 육아를 했던 첫째 때와는 달리 함께 아이를 키워주는 친구들이 늘 곁에 있기에, 둘째를 낳고 키우는 시간은 정말 행복했고 지금까지도 변함이 없다.

　은공1호에서의 삶은 정말 신세계이고, 특히 육아하는 엄마에게 이보다 더 좋을 순 없다. 2년 전 휴직하고 두 아이를 키울 때 나의 일상을 소개해본다. 아침에 첫째와 같은 방을 쓰는 옆방 부부의 딸을 깨운다. 언니들 소리에 둘째도 덩달아 일어난다. 점심, 저녁에 맛과 영양을 제대로 담은 식사를 하기에 아침은 과일이나 콘프레이크로 간단하게 준다. 어느새 여섯 살이 된 큰딸은 밥 먹고 나서 혼자 양치하고, 세수하고, 옷을 입는다. 그리고 큰딸이 둘째를 봐주고 있으면 나는 아침 설거지, 빨래, 청소 등 집안일을 후다닥 해치운다.

큰딸과 큰딸 룸메이트가 손잡고 유치원으로 내려가면 나는 둘째와 놀다가 오전 낮잠을 함께 잔다. 점심이 되면 둘째를 데리고 다른 부족을 기웃거린다. 재택근무를 하거나 연가를 써서 쉬는 공동체원이 한두 명씩 있다. 한 명이 아이를 보는 동안 다른 사람은 식사를 준비한다. 대화하며 점심을 먹고 커피 한잔까지 하면 둘째가 오후 낮잠을 자는 시간이 된다. 나는 책을 읽거나, 개인적인 일을 본다. 아이가 깨면 드디어 황금 시간이 찾아온다. 공동체원이 하나둘씩 퇴근한다. 퇴근 도장을 찍듯이 둘째를 보러 오는 사람들이 있는데 이들이 안아주고 놀아주는 덕에 편하게 저녁도 먹고, 샤워도 하고, 소소한 대화도 나눌 수 있다.

수요일 저녁에는 공동체 앙상블 단원인 친구가 둘째를 돌봐주어 첼로 레슨을 편히 받는다. 금요일 저녁에는 아이를 재워놓고 독서 모임과 앙상블 연습 모임을 갖는다. 은공1호 내에서 모임을 하니 아이들 걱정 없이 참석할 수 있다. 첫째 아이는 엄마가 어디서 활동을 하는지 알고 있으니 필요한 일이 있을 때는 직접 찾아온다. 둘째 아이가 자다가 깨면 이웃 공동체원이 다시 안아 재워주므로 안심하고 개인 취미생활을 할

\# 아이를 돌봐주는 이모 삼촌들 덕에 어린아이를 둔 미애A도
취미생활에 열중할 수 있다. 그녀는 오늘공동체 앙상블에서 첼리스트다.

수 있다.

저녁 9시쯤 둘째를 재우고 나면 10시에 첫째가 돌봄을 마치고 돌
아온다. 종일 있었던 일을 쫑알대는 아이와 대화를 한 다음 샤워를 시키
고 잠자리에서 책 두 권을 읽어준 뒤 인사를 하고 방에서 나온다. 룸메
이트 언니와 같이 잠자리에 들고, 방문을 열어두면 이모 삼촌들이 거실
에 있어서 엄마가 곁에 없어도 무서워하지 않고 잠을 잔다. 아이를 재우
고 나면 밤 문화를 마음껏 즐길 수가 있다. 늦게까지 거실에서 부족원들
과 담소도 나누고, 음악 연습실에서 첼로 연습을 하기도 하며, 독서 모임
이나 글쓰기 모임에 갈 수도 있다. 단독으로 살았다면 아이들을 재워놓

고 그 시간에 할 수 있는 일이 지극히 제한되었을 테지만, 이 집에서는 누구와 어떤 활동이든 자유롭게 할 수 있다. 두 아이의 엄마지만 싱글 같은 라이프를 즐기는 것은 은공1호에 살기에 가능하다.

은공1호살이는 엄마들에게도 파라다이스지만 아이들에게도 엄청난 행복을 준다. 언니 오빠 동생들이 언제나 옆에 있어서 심심하지 않고, 부모 말고 이모 삼촌들과도 관계를 많이 해 사회성도 자연스럽게 발달한다. 공동체 막내인 둘째는 언니들이 혼신의 힘을 다해 놀아주어서인지 엄마한테 안겨 있다가도 언니들이 두 팔을 벌리면 자연스럽게 언니들에게 안긴다. 엄마만큼 익숙하고 신뢰하기에 가능한 일이다.

둘째를 낳고 돌보느라 첫째에게 쏟을 에너지가 부족할까 걱정이 되었는데 그것은 기우일 뿐이었다. 둘째를 돌봐주는 손길이 많고 그만큼 여유가 생겨 첫째를 돌보는 일에 예전과 거의 차이가 없다. 그래서인지 첫째는 동생에 대한 질투가 전혀 없고, 자기 동생이 아니라 공동체의 귀염둥이 막내로 여기며 귀여워해주고 있다.

두 아이를 자기 아이처럼 생각하고 돌봐주는 사람들 덕분에 나는 행복하게 아이를 키울 수 있고, 여유롭게 나의 시간을 보내고 있다. 막내와 놀고 싶어 항상 찾아오는 유치·초등 아이들을 포함해 바쁜 일상에도 시간과 에너지를 내어 아이들 돌봄을 적극적으로 해주는 공동체원들에게 마음 가득 담아 고마움을 전한다.

아빠는 육아휴직 중

나는 2018년과 2019년에 걸쳐 1년 동안 육아휴직을 했다. 지금은 직장에서 열심히 일하고 있다. 최근 대한민국에서 아빠들 육아휴직이 늘어나는 추세라고는 하지만 아직 아빠들 대부분이 가정의 재정 상황 때문에 쉽사리 육아휴직을 선택하지 못한다. 이런 점에서 나는 행운아라 생각한다.

내가 처음 육아휴직을 한다고 했을 때, 주변 반응은 대부분 이러했다. "아이하고 하루 종일 같이 있는다고? 할 수 있어?" "좋은 선택이긴 한데 아이 키우는 게 쉬운 건 아닐 거야." 나도 이런 걱정을 안 한 건 아니다. 그럼에도 어떻게 육아휴직을 한다고 했을까?

육아휴직을 할 당시 상황을 살펴봐야겠다. 경제적으로는 괜찮았을까? 휴직을 결정할 무렵 교사인 아내도 휴직 상태였고, 한 달 뒤 복직을 앞두고 있었다. 그리고 한 달간 월 급여의 70~80% 정도는 나올 예정이었다. 다행히 경제적인 부분이 큰 문제는 아니었다.

가장 중요한 건 아이 양육 문제였다. 처음 한 달은 아내가 함께 있으니까 괜찮다 해도 그 이후 아이 양육은 온전히 내가 맡아야 했다. 당시 첫딸은 네 살이었고 대화는 가능했다. 일반적으로 대한민국에서 아이를 키우는 가정들은 아이를 아침밥 챙겨서 먹이고 어린이집에 데려다준다. 오후 하원 시간이 되면 다시 어린이집에서 집으로 데리고 와 취침 시간까지 아이와 함께 보낸다. 나도 이런 스케줄을 감당해야 했다면 육아휴직을 다시 생각해봤을 것 같다.

현재 내가 사는 삶의 형태는 일반 가정이 처한 상황과는 무척 다르다. 일단 아침에 일어나 밥을 챙겨서 유치원에 보내는 형태는 다른 가정과 다르지 않다. 그러나 여기에서 중요한 차이는 유치원이 '어디에' 있느냐다. 차를 타고 외부로 나가는 것이 아니라 건물 지하에 있는 대안유치원으로 보내는 것이다. 공동체에서 마련한 기관인데, 엘리베이터를 타고 지하 버튼을 누르기만 하면 도착이다. 이렇게 유치원에 보내고 나면 그 이후부터 집안일을 하기 시작한다. 아이가 유치원에 가는 오전 9시부터 저녁 6시 30분까지는 비교적 여유 있는 시간을 보낸다. 이후 밤 10시까지 돌봄이 이어진다. 보통 사람들이 생각하는 전쟁 같은 육아휴직은 아니었다.

인격적 존중과 배려라는
공동이 합의한 육아 철학은 모두에게 안정감을 준다.
은공1호에서 아이들은 하루하루 행복을 맛본다.

여유로운 육아휴직을 보낼 수 있었던 데에는 위에서 언급한 공동체의 물리적 환경 외에도 우리 공동체가 가지고 있는 육아에 대한 철학도 큰 부분을 차지하고 있다. 공동체는 나름 육아에 관해 뚜렷한 입장을 가지고 있다. 여러 말로 표현할 수 있지만 간단하게 정의하자면 '아이들을 어른과 동등한 인격체로 대한다.'이다. 이렇게 말하면 그건 쉽다고 생각하는 사람도 있을 것이다. 뭐 먹을래? 뭐 입을래? 뭐 가지고 싶어? 어디 가고 싶어? 이렇게 물으면 아이들 의사를 존중하며 살고 있다고 말할 수도 있다.

그런데 오늘공동체의 육아 철학은 아이들 욕구를 존중하는 측면뿐 아니라 욕구를 절제하는 부분도 어른들 수준으로 대한다는 데 방점이 있다. 밥을 먹을 때는 어른이 지키는 식사 예절을 동일하게 지켜야 한다. 돌아다니지 않고 밥투정을 부리지 않으며 다른 사람들이 다 먹을 때까지 기다려야 한다. 또 자기가 하고 싶은 말이 있어도 상대방이 다른 사람과 대화하고 있으면 그 대화가 끝날 때까지 기다려야 한다.

이렇게 아이들은 자기가 하고 싶은 대로가 아니라 다른 사람을 인지하고 행동해야 하는 것을 배운다. 모두가 동일한 방식으로 아이들을 대한다. 아이들은 이런 문화와 훈육 속에서 점차 타(他)와 함께하기 위해 자기 욕구를 통제해가는 연습을 한다.

공동체에 있으면서 가장 자주 드는 생각은 아이를 나 혼자 키우는 게 아니라는 것이다. 정말 혼자 아이를 키웠다면 어떻게 되었을까? 이만큼 키울 수 있었을까? 하는 의문도 든다. 위에서 언급한 것처럼 공동체주택이라는 물리적 환경과 공동체적 육아 정신, 이 두 가지가 함께 있기에 여유로운 육아휴직을 즐길 수 있었던 것은 아닐까 하는 생각이 든다. 아이들의 성장을 위해 함께 노력해주는 사람들이 있어 고맙고 또 든든하다.

2

같이 자라요

나에게는 엄마 아빠가 많다

내가 사는 집에는 나의 엄마 아빠가 많다. 초등학생 때 이사 와서 지금(2022년)은 중학교 3학년이다. 오늘공동체 이모 삼촌들이 나에게는 엄마 아빠와 다를 게 없다. 나는 엄마 아빠와 다른 부족에서 살고 있지만 아주 잘 지내고 있다. 엄마 아빠는 떨어져 있지만, 이모 삼촌들이 나를 많이 챙겨주기 때문에 걱정이 없다. 이모 삼촌들은 주말이면 밥은 먹었는지 물어봐주고, 아파 보이면 괜찮은지 걱정해준다.

이모 삼촌들과의 관계는 아주 편안하다. 오히려 엄마 아빠와의 관계보다 더 편한 부분이 있다. 엄마 아빠와는 장난을 많이 치기 어렵지만, 이모 삼촌들과는 같이 장난치면서 노는데 너무 재미있다. 또 이모 삼촌

2018년 1부족의 막내가 태어나기 전 가족사진을 찍었다.
함께 모여 산다는 것은 아이들에게 엄마 아빠가 더 생기는 일이고,
친구와 동생, 언니, 오빠, 형, 누나가 생기는 일이다.

들과 진지한 대화를 하면서 더 가까워진다. 때로는 엄마와 생긴 사건을 이모 삼촌들에게 이야기하고 해결하기도 한다.

서로 다른 부족에서 살다 보니 엄마 아빠 얼굴 보기가 힘들다. 그래서 가끔 주말에 가족끼리 밥을 먹거나 여행을 가는 시간이 참 좋은 것 같다. 앞으로 이모 삼촌들과도 엄마 아빠와도 좋은 관계를 만들어나가고 싶다. '이모 엄마, 삼촌 아빠'들은 나한테 아주 소중한 사람들이다. 모두 고맙습니다!

친구 부자

나는 평택에 살았다. 가족은 여동생 둘, 엄마, 아빠이다. 나는 엄마에게 많이 의지했다. 그때는 핸드폰이 없어서 공중전화로 엄마에게 학교나 학원이 끝났다고 연락을 했다. 엄마가 전화를 안 받으면 그냥 집에 갔는데, 집에 엄마가 없으면 불안해하며 울었다. 은공1호에 오면서 이모 삼촌들도 또 다른 엄마 아빠라는 것을 깨닫고 엄마에게 정신적으로 의지하는 일이 거의 없어진 것 같다.

평택에는 놀 사람이 여동생 둘밖에 없었다. 여유시간에는 주로 TV를 보거나 동생들과 장난을 치며 노는 것이 전부였다. 하지만 은공1호로 이사 와서는 같이 방을 쓰는 상원, 찬서, 주원이와 위층에 사는 형들과 놀기도 하고 게임도 한다. 가끔은 누나, 형, 이모, 삼촌들과 대화를 하기도 한다. 여러 사람과 같이 생활을 하다 보니 많이 친해졌다. 그 사람들이 주는 에너지 덕분에 무기력해지는 것이 없어지고 삶에 전체적으로 활력이 생겼다.

나는 2부족에 속해 있다. 2부족에 사는 초등학생에게는 지켜야 할 여러 규칙이 있다. 그중 하나는 밤 10시가 되면 부족 밖으로 못 나가고 11시에는 자야 한다는 것이다. 지금은 중등이 되어 이 규칙에서 해방이 되었지만 초등이었을 때는 이 규칙을 따라야 했고, 이 규칙에서 해방되는 것이 내가 중등이 되고 싶은 이유 1순위였다. 은공1호에는 같이 놀 사람은 많았는데 시간이 늘 부족했기 때문이다. 초등 때는 엄청 싫은 규칙이었는데 지금은 관점이 달라졌다. 모두가 행복하기 위해 존재할 수

혈연가족과 살 때 환희는 동생들을 챙겨야 하는 오빠였다.
은공1호에 이사 오면서 환희는 누군가의 동생이, 누군가의 형이, 누군가의 친구가,
이모 삼촌들의 자식 같은 조카가 되었다.

은공1호 안에 있는 대안학교(안골마을학교)에 입학한 환희는
밴드의 보컬이고 앙상블의 첼리스트다. 뿐만 아니라,
연극, 리코더 연주, 치어리딩, 사물놀이 등 다양한 활동을 한다.

밖에 없는 규칙이라 생각된다. 청소년이 되고, 다니고 있는 대안학교(안골마을학교)에서 동생들을 돌보는 입장이 되니 내가 예전에는 너무 자기중심적으로 생각했다는 것을 알게 되었다. 은공1호에서 사람들과 살면서 예전의 나보다 좀 더 성장했음을 느낀다. 이제는 함께 행복하기 위해 더욱 노력해야 한다는 것을 안다. 계속해서 좋은 관계를 유지해 나가고 오래 함께하고 싶다는 생각이 많이 든다.

방구석 탈출기

은공1호에 들어온 후 피가 섞인 가족과는 조금 떨어지고, 친하게 지내온 더 많은 사람과 맞붙어 살아간다. 나는 이 생활이 편하고 즐겁다. 안정감을 느낀다. 매일 기쁘고 역동적이다. 내가 살아가며 생기를 얻는 일들이 하루에 수없이 생긴다. 여기 들어오기 전의 삶은 달랐다.

내 기억 속에 중학교 때 집은 조용한 곳이었다. 엄마가 있다면 조금은 말소리가 오가지만 아빠와 나 혹은 동생이 있을 때는 한없이 조용했던 것 같다. 엄마는 밤늦게까지 일정이 많았다. 그래서 주로 아빠의 오토바이 뒤에 몸을 싣고 집으로 왔다. 아빠와는 어색했다. 원래도 어색했었는데 중학교 1학년 이후로는 더 어색했다. 아빠를 어떻게 대해야 할지 잘 몰랐다.

나는 주로 핸드폰을 하며 집에서 시간을 보냈다. 그러다 보니 웬만하면 방 안에만 있었다. 내게 거실은 화장실로 가는 통로 혹은 밥을 먹는 곳, TV를 보는 곳 정도로 여겨졌다. 집에 도착하면 익숙하게 방으로 곧장 들어가 한참을 나오지 않았다. 밖에서 말소리가 시작되기 전까지는 혹은 시작돼도 내 방에 있었다. 방은 내가 가장 안전하다고 느끼는 장소였다.

집은 눈치를 보는 장소이기도 했다. 집이 너무나 조용했기 때문에 누군가 움직이거나 소리를 내면 그게 크게 울리는 것처럼 느껴졌다. 나는 그때마다 긴장이 됐다. 그 사람의 존재를 인식하게 되고 그 순간 어색함이 번졌다. 나는 이것을 회피로 대응했다. 오로지 핸드폰으로 시선을 옮겼다. 혹은 이어폰을 꽂았다. 그냥 무시하는 것이었다. 이것은 은공1호에 들어와서도 계속됐다.

나는 어렸을 때부터 공동체 사람들과 같이 사는 상상을 했다. 이모, 삼촌, 또래 친구들과 노는 것이 즐거웠다. 이곳 사람들과 어울리는 것이 즐겁기에 같이 살면 더 행복할 거라 생각했다. 같이 살 건물을 그림으로 그리고 놀기도 했다. 어렸을 적 꿈으로만 여기던 것이 현실로 다가오니 너무 기대되고 마냥 신났다. 건물을 짓는 기간에, 자신만의 공간이 필요하다고 입주하는 것을 원하지 않는 이모 삼촌도 있다는 얘기를 들었다. 신기했다. 나도 내 방에 숨기 일쑤였지만, 친한 사람들과 지낸다고 생각하니 내 공간이 필요하다는 생각은 들지 않았다. 막연히 잘 지내야 한다는 걱정은 있었지만 즐거움이 앞섰다.

　은공1호에서 나는 가족 모두와 떨어져 다른 부족으로 들어갔다. 두 달 정도 지났을 때였다. 멘토 이모에게서 조금은 충격적이지만 이내 수긍하게 되는 이야기를 들었다. 지연 이모가 느끼기에 내가 너무 차갑다는 것이었다. 또 멘토 이모는 본인도 지연 이모의 그 지적을 듣고 보니 공감됐다고 했다. 나의 그동안의 모습을 돌아보니 이해가 갔다.

　나는 주로 방에 있었고 거실을 나갔을 때는 소파에 늘어져 있었다. 늘어져 있다가도 누군가 오면 긴장이 됐다. 인사는 했지만, 다음 말을 이어가기가 어려웠다. 그렇다고 아무 말도 안 하자니 어색했다. 어색함이 한번 머릿속에 들어오면 그 순간을 참기 힘들었다. 그 순간 방으로 도망쳤다. 많은 사람이 모여 대화가 이뤄지고 있을 때는 덜했지만 나 혼자일 땐 피했다. 이런 감정은 거의 모든 공동체원에게 공통됐다. '내가 불편할 거야.'라고 지레짐작했던 것이 대부분이었다. 나는 대화도 못 하고 재밌지도 않기 때문에 사람들이 그렇게 생각할 것 같았다. 사람들에게 뭐든 잘해 보이고 싶었다. 내가 그런 상황에 당황하고 어색해한다는 것을 보여주고 싶지 않았다. 그래서 도망쳤다. 쌩하니 사람들을 지나치면서도 사실 속으로는 '어떡하지?'를 수없이 외쳤다. 그러고는 혼자가 되었을 때 안도감을 느꼈다. 사람들을 대할 때 어색해하면서 소통도 잘 못하는 내 모습을 마주하기 싫어 회피라는 방법을 사용한 것이다.

　내가 회피하는 것이 누군가를 힘들게 할 것이라곤 생각하지 못했다. 지극히 내 생각만 했다. 나만 생각했다는 것이 너무 부끄러웠다. 피하거나 밀어내는 게 아니라 오히려 너무 가까워지고 싶은, 나의 '좋은 모습'만 보여주고 싶은 사람들이었다. 좋은 모습만을 보여주려던 것이 오히려 상대에겐 벽으로 다가갔다. 오려던 사람도 돌아서 가게 만든 것이다.

이후 멘토 이모 제안으로 인사훈련을 하게 됐다. 사람들에게 인사를 하고 그 사람에게 사인 받는 것을 20명에게 한 후 멘토 이모에게 보냈다. 인사훈련은 사람에게 다가가라는 취지였다. 인사를 하기 위해서는 내가 먼저 사람에게 다가가야 했다. 처음에는 쉽지 않았다. 말을 어떻게 꺼내야 할지 감이 잡히지 않았다. 어색하게 인사하는 것부터 시작했다. 사람들은 인사훈련을 시작한 나에게 그 까닭을 물어왔다. 나는 이 집에 있으면서 보였던 나의 태도나 마음을 이야기했고, 사람들은 이해하고 밝게 인사를 받아주고 사인해줬다. 처음 몇 주간은 너무 어색했다. 인사훈련을 해야 하고 앞에 사람은 보이는데 발은 떨어지지 않았다. 그런데 계속해서 인사를 하고 사람들이 웃으며 받아주는 것을 보며 '어떡하지?'라는 마음이 점점 사라져갔다.

그리고 인사를 하기 전에 기대되기 시작했다. 인사를 했을 때 그 사람의 반응이 어떨지 궁금하며 재밌었다. 인사를 받아주고 사인을 해주면 기분이 좋아졌다. 이모 삼촌과 마주하고 한마디라도 말을 할 수 있게 되었다. 한집에 살아도 직장을 다니는 이모 삼촌들은 하루에 한 번을 못 보는 때가 생긴다. 훈련하고부터는 내가 사람들을 찾아다니기 때문에 자연스레 만나고 대화를 나누게 되는 것이다. 방 밖을 나와 사람들과 관계를 하게 되었다. 훈련하면 할수록 근황을 나누기도 하고 장난을 치기도 하며 즐거워진다.

공동체원과 일대일로 있는 상황이 되면 아직도 어색한 마음이 먼저 떠오른다. 그러나 달라진 부분이 있다. 바로 이 마음을 다루는 방식이다. 전에는 피하려고만 했다면, 지금은 그것에 맞서보려고 한다. 막상 어색함에 맞서면 그것이 사라지는 것은 아니지만 몽글몽글 기분이 좋아진다. 쑥스럽고 간지럽지만, 그 감정들은 긍정적이다. 또 그 순간 같이 있던 사람에게 애정이 샘솟는다. 인사만 하고 돌아서는 게 걸려서 몇 마디라도 하기 위해 사람들에게 관심을 가지기 시작했다. 안 보이던 것들이 조금씩 보이며 그 사람에 대한 호기심이 생겼다. 짧은 안부는 어느새 긴 대화로 이어졌다. 이 대화는 내 인생의 '소확행'이 되었다.

이모 삼촌들과 시간을 보내는 것은 재밌고 행복하다. 어쩌다 마주쳐 장난을 치고, 맛있는 걸 먹으러 가고, 테이블에 앉아 있는 누군가와 대화를 하게 되고⋯. 이 소소한 시간이 행복하다. 혈연관계 가족과 함께 살면 얻기 힘든 것들인 것 같다. 특히 나는 그렇게 느껴졌다. 엄마 아빠 동생과 다른 부족에 사는 것은 불편하지 않다. 오히려 좋다. 난 엄마와 동생을 너무 편하게 생각해 생각 없이 말과 행동이 나갈 때가 많았다. 그래서 두 사람을 불편하게 하는 일이 잦았다. 이 집에 오고 엄마나 동생과 덜 만나게 되고 한번 만났을 땐 적당히 긴장해서 대하니 오히려 사이가 좋아졌다. 또 함께 사는 모두에게 내 마음이 끝없이 커지는 것을 느낀다. 앞으로도 회피하지 않고 어울려 잘 살아가고 싶다.

방에서 거실로, 가족에서 부족으로

어린 시절엔 내 방이 편했다. 집에 들어가면 부모님은 잔소리하기에 바빴다. 생각해보면 당연히 해야 할 일들에 대한 말이었는데 당시에는 간섭이라 여겨지고, 귀찮게만 느껴졌다. 부모님과 함께하는 거실보다는 내 방에 있는 것이 나았다. 이곳은 아무도 나에게 뭐라고 하지 않으니까 자유롭고 편안한 공간이라고 생각했다.

그로부터 8년이라는 시간이 지났다. 그 시간 동안 많은 것이 변했다. 나는 어느새 대학생이 되었다. 내 주변은 더욱 변했다. 가족은 부모님과 여동생뿐이었는데 식구가 많아졌다. 내가 이모와 삼촌이라 부르는 사람들이 생겼고, 피가 섞이지 않은 동생들도 많아졌다. '가족'이라는 이름 대신 '부족'이라는 이름이 그 자리를 대신했다.

더 이상 나는 방에 머물지 않는다. 방은 가장 편안한 장소에서 단순히 잠자러 가는 곳으로 변했다. 방보다는 이모 삼촌 그리고 동생들이 있는 거실을 더 좋아하게 되었다. 그들은 잔소리하는 대신 내 말에 귀기울이고 공감해준다. 가족으로 살았을 때 집은 쉬러 간다기보다는 갈데 없으니까 가는 곳이었는데 지금의 집은 나를 기다리는 사람, 보고 싶은 사람들이 사는 곳이다. 학교를 마치면 설렘을 안고 집으로 돌아간다.

사실 가족과 살았을 때 편했던 것도 있다. 부모님이랑 살 때는 크게 에너지를 내지 않아도 되었다. 설거지할 것이 쌓여 있어도 누군가 하겠지 생각하며 지나쳤다. 하지만 공유주택은 긴장하고, 에너지를 내야 하는 곳이었다. 생활규칙 중 하나가 본인이 사용한 것은 스스로 즉시 정리하는 것이다. 모두가 성실히 임하는데 나라고 피해 갈 수 없다. 다른 부족에 사는 일곱 살짜리 어린 동생도 하는 것을 어찌 안 할 수 있단 말인가?

누군가는 이 부분에서 불편함을 느낄 수 있지만 사실 긴 관점에서는 더 편할 수 있다. 바로 정리를 하면 일거리가 쌓이지 않고 작은 에너지로 충분하기 때문이다. 이 작은 생활 습관으로 인해 전반적으로 에너지가 커진 느낌이다. 이것은 일상생활에서 내가 공부를 할 때나 원하는 목표를 이룰 때도 큰 도움을 준다.

무엇보다 이곳에 살면서 좋은 점은 내 주변에 사람이 많다는 것이다. 누군가를 만나려고 굳이 약속을 잡거나 할 필요가 없다. 혼자 있다가

아이가 없는 부부들과 청소년들이 가족을 이룬 3부족.
부모와 떨어져 3부족에서 생활하는 청소년들은 독립적이고, 정신적으로 건강하다.
3부족 부부들은 배 아프지 않고 자식 같은 가족이 생겼다고 좋아한다.

심심해져 여기저기 부족을 돌아다니면 함께 대화하며 놀 대상은 항상 있기 마련이다. 그 사람에게 다가가 대화를 나누면 심심함은 사라지고, 즐거워진다. 공동체원들과도 부쩍 가까워진 느낌이다. 예전에도 공동체로 지내긴 했지만 특별한 모임이 있지 않는 한 만나는 횟수가 제한적이었다. 더군다나 어린 동생들을 만나고 대화 나눌 기회는 거의 없었다. 하지만 이제는 한집에 살다 보니 일상에서도 자연스레 자주 마주치게 된다. 마주치다 보니 인사하게 되고, 인사하다 보니 대화를 하게 되고, 그것이 반복되니 친해지게 된다. 아주 어린 아기부터 내 아버지 또래인 사람까지 다양한 사람을 만나고, 그들과 친해진다. 마음이 이보다 풍요로워질 방법이 또 있을까?

이곳에 살면서 특별한 기억들이 몇 가지 있다. 하나는 매월 첫째 주 토요일에 열리는 바비큐 파티다. 한번은 옥상에서 파티를 열었다. 음식을 먹는 와중 해가 넘어가며 붉은 노을이 깔렸다. 어두워진 공간을 조명이 대신했다. 그 색과 풍경이 파티장과 어울렸다. 함께 음식을 먹는, 나를 아는 사람들이 더해졌다. 이것은 추억이 되어 따뜻한 이미지와 느낌으로 남아 있다.

다른 하나는 성욱 삼촌을 만나러 간 날이다. 3부족 사람 중 성욱 삼촌은 주말에만 이곳에서 함께 지낸다. 회사와 거리가 멀어 출퇴근이 어렵기 때문이다. 삼촌은 주말은 즐겁지만 혼자 있는 평일엔 이따금 마음이 힘들다고 했다. 특히 단톡방에서 여기 사람들이 어울려 지내는 모습을 보면 함께할 수 없어 슬프다고 했다. 성욱 삼촌이 마음이 쓰인 3부족 사람들은 평일에 삼촌네 집을 찾아가기로 했다. 이모 삼촌들이 퇴근하고 늦은 저녁 시간, 차를 타고 3부족 모두가 산본에 있는 성욱 삼촌 집을 찾아갔다. 다 같이 철쭉동산에 올라 산책을 하고, 준비해간 늦은 저녁을 함께 먹었다. 그 왁자지껄한 시간이 즐겁고 따뜻하게 남아 있다.

내가 만약에 이곳에 없었다면 어떤 사람이 되었을까? 아마 사교성 없고 나만 아는 재수 없는 아이가 되지 않았을까? 부모님이 계속 이것저것 시켰을 테고, 나름 열심히 할 테니 성적은 좋았을 것 같다. 하지만 내가 편한 것이 최우선이었을 테니 친구들 사이에서 최대한 에너지를 안 썼을 것 같다. 남을 배려하기보단 내 중심적으로 살려고 했을 테니 가까이하기 싫은 사람이 됐을 것 같다.

또 큰 목표만 가지고 작은 행복은 소홀히 하는 사람이 되었을 것이다. 대학입시라는 목표, 좋은 직장이라는 거창한 목표만을 맹목적으로 붙잡고는 일상에서 느낄 작은 기쁨들(사람들과의 대화, 함께 식사하기, 놀기 등)을 놓쳤을 것이다. 아니다. 생각해보니 글을 수정해야겠다. 아마 작은 목표만 붙잡고 인생에서 정말 중요한 것을 못 느끼는 사람이 되었을 것이다. 오늘도 일을 마치고 내가 좋아하고, 나를 기다리는 사람들 곁으로 간다.

3

함께라서 불편하냐고요? 따뜻하죠

1인 자취 vs 4인 셰어하우스

이곳 은공1호에 입주하기 전, 비슷한 나이 또래 싱글여성 네 명이 셰어하우스에서 살았다. 이 시기의 경험이 40여 명이 함께 사는 은공1호 생활에 큰 도움을 주었기에 소개해보고자 한다.

우리는 방 세 개짜리 집을 구해 두 명씩 한 침실을 쓰고 서재와 부엌, 거실을 공유했다. 혈연 가족이 아닌 남과 집 전체를 공유하며 살았고, 나만의 공간은 없었다고 볼 수 있다. 요즘은 형제끼리도 방을 따로 쓰는 경우가 많은데 우리는 많은 공간을 나누며 지낸 셈이다. 나의 주거 형태를 들으면 가장 많이 하는 질문들이 있다. "서로 싸우지 않아요?" "청소는 어떻게 해요?" "자기만 먹고 싶은 음식은요?" 이 질문들에 답을 하면 자연스럽게 소규모 셰어하우스 생활 스토리를 풀 수 있을 것 같다.

첫 번째 질문, "서로 싸우지 않아요?" 예상하는 것처럼 싸웠다. 나는 넷 중에 트러블메이커 쪽이었다. 성격이 예민하고 애정욕구가 큰 데다 감정이 상하면 말에 불편함이 섞여 나오는 탓에 이런 부분에 덜 수용적인 대상과는 마찰을 일으켰다. 하우스메이트 셋 중 한 명과 꽤 긴 시간 심리적 갈등을 빚었다. 한번은 이런 상황이 있었다. 친구A가 누워서 다리를 들어 올리는 운동을 하며 나에게 좀 진지한 질문을 하고서 내가 답을 하는 동안에도 본인이 하던 운동을 계속했다. 나는 답을 하면서 '자기가 물어봐놓고 집중은 안 하네.'라는 불편한 마음이 들었다. 나는 대답을 다 한 뒤 "내 대답이 언니가 기대한 쪽이 맞아?"라는 뜬금없는 질문을 던졌다. 상대방에게 마음이 불편했으면서 불편했다고 정중히 나누기보다는 마음은 감춘 채 '제대로 들은 거니?'라는 식의 찌르는 말로 돌려준 것이다. 상대방도 내 말에 감정이 상해서 되받아쳤고 서로를 할퀴는 대화가 오고 갔다.

또 한번은 친구A가 구해온 러닝머신이 베란다에 있었는데 사용량이 줄어 버리기로 했다. 나는 베란다 청소를 하다가 러닝머신이 치워졌으면 좋겠다는 욕구가 들어 바로 친구A에게 언제 치울 것인지 문자를 보냈다. 치울 생각은 했지만 잠시 실행을 보류하고 있던 친구는 문자를 보고 '간만에 청소 좀 한다고 나보고 빨리 치우라는 거지.'라는 마음이 들어 불편해졌다.

머리채를 잡고 뒤엉켜 싸운 것은 아니었으나 속으로는 그 수준의

임팩트로 몇 번 사건을 더 치렀고, 나와 친구A는 같이 살 수 있을지 고민이 들 정도로 관계가 악화됐다. 이런 상태로 매일 얼굴을 봐야 하는 게 힘들어 어느 날은 일부러 다들 자는 시간에 집에 들어간 적도 있다. '다시 혼자 사는 게 편할까?'라는 생각도 들었다.

하지만 여럿이 살면서 누린 안정감과 즐거움이 적지 않았다. 무엇보다 누군가와 같이 살아보는 경험을 실패로 끝내고 싶지 않았다. 다시 1인 자취를 하게 되더라도 이 관계를 잘 정리하고 나야 내가 성장할 것 같았고, 이 갈등을 원만히 해결하고 싶었다. 다행히 친구A와 함께 멘토의 중재를 받으며 각자의 잘못을 인정하고 반성하고 서로에게 미안함을 나누면서 관계를 회복해갔는데, 이 시간이 1년 넘게 걸렸다. 우리와 같이 사는 나머지 두 친구에게도 힘든 시간이었다.

이렇게 진하게 싸우고 자기 문제를 확실히 알고 진심 어린 화해를 하고 나니 서로에 대해 이해가 깊어지며 오히려 친밀감이 생겼다. 그 이후로는 같은 종류의 문제로 싸우지 않게 되었다. 이후의 셰어하우스 생활은 행복의 나날이었다. 같이 살다 보면 갈등은 자연스레 생길 수 있다는 생각으로 해결하려 애쓴다면 셰어하우스 생활을 피할 정도의 문제는 아닐 수도 있을 것 같다.

두 번째, "청소는 어떻게 해요?" 청소는 정말 중요하다. 함께 사는 데 필수적인 요건들이 여럿 있겠지만 청소는 가장 상위에 있다고 봐도 좋을 것 같다. 누구나 집이 돼지우리 같길 원하지 않는다. 그러면서도 귀찮음이 올라오면 외면하기도 하고, 내가 더 치운다는 생각에 걸리기 시작하거나 실제로 누구 한 사람에게 집안일이 몰리면 그 가정은 쉬이 깨진다. 우리 집은 이 점에서는 무난했다. 평일에 틈틈이 정리하고 주말이나 쉬는 날에는 다 같이 대청소를 했다. 누군가 바빠서 못 하는 기간이 있으면 다른 사람이 더하고, 못 했던 친구는 바쁜 일정이 지나고 나서 더 에너지를 내 집안일을 했다. 아무리 취향이나 고민이 비슷하고, 일상에서 나누는 대화가 즐거웠다 하더라도 청소 부분이 받쳐주지 못했다면 관계는 1년도 못 가서 깨졌을 것이다.

세 번째, "자기만 먹고 싶은 음식은요?" 음식은 나눠 먹는다. 우리는 월세에 식비가 포함돼 있어서 기본적인 식재료인 쌀, 반찬, 우유 등은 공금으로 구비했다. 특별히 뭔가가 먹고 싶으면 그걸 공금에서 사도 되는지 동의를 구했다. 값이 나간다 싶은 것은 따로 사 먹거나 본인이 돈을 더 내는 경우도 있었다. 기본적으로 냉장고에 있는 모든 음식은 모두의 소유였다. 꼭 내 소유로 해야 하는 음식이 있다면(주로는 아침에 급히 먹고 나가려는 음식 정도) 이름을 써서 붙여놓았다. 하지만 그런 경우가 적어서 나 혼자만 먹겠다고 이름을 붙여놓는 일은 점점 줄어들었다. 처음에는 눈치를 봐서 그랬을 수도 있겠지만 점점 사이가 좋아지다 보니 양이 적어도 나눠 먹고 싶은 마음이 커져서 내 것을 챙겨야겠다는 욕구가 흐려졌다. 모두가 배부를 수 있는 좋은 방향이었다. 냉장고를 열었는데 온통 이름표가 붙은 음식이 가득했다면 삭막했을 것 같다.

셰어하우스 생활을 추천하는지 묻는다면 '그렇다.'라고 답할 것이다. 긍정적인 답을 하는 이유는 크게 두 가지다.

은공1호에 이사 오기 전 싱글여성 네 명이 함께 살았다. 서로 다른 점들로 좌충우돌 시트콤처럼 지냈던 때도 있었지만, 행복한 관계를 위해 각자가 치열하게 노력했다.

먼저, 함께 살면 재정적인 부분에서 큰 이득을 본다. 대도시 월세가 자취하는 사람들의 등골을 얼마나 과도하게 빼먹는지는 다 아는 사실이다. 50~60만 원으로 겨우 월세만 낼 것을 30~40만 원이면 방값과 식비를 해결하고, 넓은 공간까지 누릴 수 있다. 또 무엇이든 같이 사면 저렴하다. 살다 보면 물건을 나눠 쓰는 일도 많아진다. 서로에게 이득이다.

재정보다 더 좋은 점은 정서적인 부분이다. 혼자 살 때는 하루 일과를 끝내고 집에 오면 아무도 없어 썰렁했다. 피곤한 몸으로 사람 소리를 들으려 영화를 보다가 잠들기 일쑤였다. 잠을 많이 자도 스트레스 해소가 안 되는 기분이었다. 셰어하우스에 살면서는 늘 집에 사람이 있었다.

반갑게 인사를 하고 가볍게 일상을 공유하며 밥을 먹고, 때론 진지하게 대화가 흘러 서로의 삶을 위로하고 응원했다. 룸메이트와 농담을 주고받다가 잠든 적도 많았다. 전과 달리 꽉 채워지는 안정감을 느낄 수 있었다.

소규모 셰어하우스 생활을 했던 나를 비롯한 사람들은 은공1호에 조금 더 빨리 적응했다. 같이 사는 사람들을 대할 때 따듯하고 좋은 정서는 가족으로서 나누려고 하지만, 동시에 그들을 나와 분리된 완전한 타인으로 인식하고 각자의 독립성을 인정하며 생활하는 데 익숙해졌기 때문인 것 같다. 연습 기간을 거쳐서 들어온 효과를 본 거라고도 할 수 있다. 물론 소규모 생활과 40여 명이 함께 사는 은공1호 생활에 차이는 있어 나 또한 적응 기간은 필요했다. 여자 넷이 살 때는 서로에 대한 집중도가 높고 어제 들었던 이야기가 오늘로 이어지는 즐거움이 있었다. 은공1호에 입주하고 첫 주는, 사람은 많은데 누구와 이야기를 해야 할지 조금은 붕 뜬 느낌이 있었다. 또 청소 분량이 일주일에 30분 정도 더 늘어났다는 것이다.

그런데 시간이 지나면서는 소규모 셰어하우스 생활과 크게 다르지 않다고 느꼈다. 청소는 부담될 정도가 아니어서 금방 익숙해졌다. 관계 면에서도 두세 명과 공유하던 일상을 조금 더 많은 사람과 이야기하고, 나도 자연스럽게 더 많은 사람에게 관심을 가지게 되면서 즐거움은 몇 배가 되었다. 사람이 늘어나면 한정된 나의 에너지로 각 사람에게 쓸 수 있는 마음이 1/n로 줄어들 줄 알았는데 모두에게 1만큼씩 늘어간다. 신기한 경험이다. 아마 내가 그만큼 받고 있어서라는 생각이 든다.

선애

싱글맘 워킹맘

9년 전 남편과 성격 차이로 이혼하고 두 아이 양육을 맡았다. 싱글맘, 워킹맘이 되니 아이들 교육과 정서적 돌봄, 먹거리, 집안일 같은 여러 일이 온전히 나의 몫이 되었다. 회사에서 야근할 때면 아이들 식사를 제때 챙기기가 어려웠다. 회사 일로 밤을 새워야 하는 경우엔 아이들끼리만 있어야 해서 걱정이 이만저만이 아니었다. 피곤한 몸으로 아이들 케어와 집안일을 다 하는 것이 점점 버거워졌다. 청소년이 된 아들과 딸은 엄마와 소통을 꺼렸다.

이럴 때 좋은 제안이 들어왔다. 연합가족이었다. 공동체 내에 나와 같은 한부모가족(엄마, 아이 두 명)과 싱글여성 두 명까지 여덟 명이 한집을 임대하여 사는 공유주택 형태였다. 초반에는 혈연으로 이루어지지 않은 이들과 사는 것이 어떨지 염려되고, 개인공간이 없어지면 어쩌나 하는 고민도 들었다. 그런데 막상 살아보니 생각처럼 큰 불편함은 없었다. 개인공간에서 혼자 있는 것보다 함께 모여 이야기하는 것이 더 행복했다. 가장 좋은 건 내가 이혼 후 겪었던 고통이 대부분 해결되었다는 점이다.

회사에서 야근하는 날에는 집에 아이들이 잘 있을지, 밥은 챙겨 먹었을지 신경 쓰이기 마련인데 연합가족을 이루어 사니 이런 걱정이 전혀 들지 않았다. 집에는 이모들이 아이들과 함께해주니 안심하고 나의 최대 능력을 발휘해 회사일을 해나갈 수 있었고 보람도 느낄 수 있었다. 야근하고 새벽에 집으로 돌아올 때 따뜻한 사람들이 잠들어 있는 곳이라는 생각이 들면서 고달프다는 마음보다 얼른 가고 싶다는 발걸음으로 달려갔다. 나뿐만 아니라 청소년기 두 아이도 부모의 이혼과 삶의 고민을 이모들과 이야기하며 정서적 안정감을 찾을 수 있었다.

주부로서의 삶도 만족스러웠다. 먹거리와 집안일을 모든 가족이 나눠서 하다 보니 4인 가족으로 살 때보다 집안일은 1/10 수준으로 줄어들었고, 남는 시간에는 운동·철학공부 모임·책읽기·노래·악기 배우기 등 다양한 여가활동을 할 수 있었다. 함께 모여 사는 큰 이점이었다.

한 달에 한 번은 온 가족이 저녁을 먹으며 행복한 시간을 보냈다. 뒷정리는 세 팀으로 나눠 게임을 해서 정하기로 하고 순위대로 1등은 쉬기, 2등은 후식 사오기, 3등은 설거지를 하곤 했다. 집안 정리정돈이

나 청소의 경우 개인의 성향에 따라 기준 차가 있어 조정이 필요한 적도 있었지만, 이런 문제들은 토론을 통해 규칙을 만들고 만들어진 규칙을 함께 지키고자 노력하면서 해결했다.

3년간 연합가족으로 살다가 은공1호가 지어져 입주했다. 가장 큰 변화는 럭셔리한 환경이었다. 카페와 티룸, 음악 연습실, 공부방, 책거실, 영화를 볼 수 있는 거실, 스파, 캐노피, 정원 등 매우 호화로워진 공간에서 신데렐라가 된 기분이 들었다. 개인공간을 최소로 했지만, 집 전체가 내 공간으로 느껴져 오히려 개인공간이 넓게 느껴졌다.

은공1호에 살면서 아이들 양육 환경은 더욱 좋아졌다. 큰아이는 고3이라 독립된 방을 배정받았다가 1년 뒤 남자 청소년들이 있는 다른 부족으로 옮겼고, 작은딸은 다른 가정의 언니와 한방을 썼다. 아이들은 더 많은 언니 오빠 이모 삼촌과 친해지면서 물리적으로도 정서적으로도 엄마로부터 독립해 나갔다. 그러면서 신기하게 관계도 좋아졌다. 내 성격상으로도 그렇고 싱글맘이 되면서는 아이를 더 잘 키워야 한다는 불안감에 잔소리를 많이 했는데, 아이 문제에 있어 함께 사는 사람들이 도움과 조언을 주니 조바심이 덜 났다. 자연히 아이들을 만나도 지적이 섞인 잔소리보다 근황을 묻거나 관심사에 대한 지지를 보내게 되었고, 엄마로서의 짐을 많이 내려놓은 채 나의 삶을 찾아갈 수 있었다.

아침에 눈을 뜨면 새소리가 들린다. 활기찬 하루를 시작하는 부족원들과 인사를 하고 도봉산을 보며 출근한다. 회사에서 힘겨운 일이 있어도 집에 돌아와 문을 열면 반기는 가족들이 있어 피로가 순식간에 날아가며 새로운 에너지를 충전한다. 저녁부터 새로운 삶이 시작된다. 공유식당에서 미정이 만든 저녁을 먹으며 일상을 나눈다. 히노키탕에서 별을 보며 스파를 즐기기도 하고, 햇빛이 좋은 날에는 옥상의 캐노피나 선베드에 누워 책을 읽거나 도봉산을 바라보며 여유를 즐긴다. 1층 카페와 옥상 티룸에서 수다를 떨 수도 있다. 음악 연습실에서 개인 악기나 노래 연습을 하기도 하며, 요가 수업이 있는 밤에는 요가를 하기도 한다. 한 달에 한 번 부족마다 돌아가며 음식을 준비해 함께 먹는 바비큐 파티에 참석해 두세 시간이 소요되는 식사를 즐긴다.

　　함께 사는 유익은 이뿐만이 아니다. 생활비도 개별 가족으로 살 때

함께 살면서 하고 싶던 것들을 하나씩 배울 수 있는 여유가 생겼다.
선애는 차 내리는 방법을 배운 후 티룸(프리야)에서 일주일에 두 시간
사람들에게 차를 내려준다.

보다 적게 드는데 먹거리는 오히려 풍성해졌다. 지인들이 보내주는 음식도 나눠 먹고, 한번 음식 할 때 한 그릇 할 것을 넉넉히 해서 서로 나눠 먹는다.

싱글맘 워킹맘으로 아이들과 셋이 살았다면 너무 버겁고 외로웠을 텐데, 모여 사니 그런 감정이 들어올 틈이 없다. 여행도 함께 가고 이야기할 사람도 많고 정서적 지지도 충분히 받는다. 고민이 생기면 함께 해결 방안을 모색하고 짐을 나누어 지니 세상에 두려울 것이 없다. 내 편이 되어주는 가족이 많이 있다. 매일 파티를 하는 기분으로 산다. 내 삶이 이렇게 행복해지리라고 상상도 못 했는데 꿈만 같은 일이 일어났다.

평범한 싱글의 특별한 싱글라이프

나는 골드미스도 화려한 싱글도 아니다. 평범한 싱글이다. 자유롭고 편하게 지내고 싶어 14년 정도 혼자 자취를 했다. 누구의 눈치도 보지 않고 내 마음대로 시간과 공간을 사용해서 좋았다. '편안한 자유'는 달콤했다. 그러나 한편으로는 외로움과 심심함과 두려움이 있었다. 전화가 오지 않으면 종일 말을 한마디도 안 할 때도 있었다. 사람이 그리울 때면 지인에게 전화를 걸거나 마트나 카페에 갔다. 산책하며 대화하듯이 혼잣말을 할 때도 있었다.

어느 날은 문득 내 모습을 제3자의 시선으로 바라보면서 씁쓸하게 웃었던 적도 있다. 밤에는 불안한 마음과 싸웠다. 험악한 뉴스를 들을 때

'혹시 나에게도 저런 일이 생기지 않을까?'라는 걱정이 들었다. 시간이 흐르고 나이가 들어갈수록 혼자만의 '편안한 자유'가 행복하게 느껴지지 않았다. 공유주택 소식을 듣고 이런 어려움이 해결될 기대에 반가우면서도 걱정이 밀려왔다. 여럿이 같이 사는 삶을 내가 감당할 수 있을까? 마음대로 편하게 쉬지 못하고 사람들 눈치를 보며 지내지 않을까? 정리정돈도 항상 신경 써야 할 텐데 귀찮으면 어쩌지? 일상이 긴장의 연속일 것 같았다. 직장에서 스트레스 받는 것은 어쩔 수 없지만, 집에서만큼은 편히 쉬고 싶은 욕구가 강했다.

　　많은 고민 끝에 그래도 공유주택에서 살아보기로 했다. 나이를 먹어갈수록 싱글의 삶이 더 힘들어질 것 같았기 때문이다. 삶이 점점 무료한데, 나이가 들어 건강마저 안 좋아지는 상황에서 내 옆에 아무도 없다면 삶이 버거울 것 같았다. 누군가에게 민폐나 부담을 주고 싶지 않으나 나이 들어 약해지면 어쩔 수 없이 누군가의 도움이 필요할 것 같았다. 젊었을 때부터 누군가에게 도움을 주는 삶을 살면서 관계를 잘 맺어 노년기를 준비해야겠다는 생각이 들었다.

　　40여 명과 한지붕 아래 살기 시작하면서 가장 두드러지게 좋은 점은, 항상 대화할 수 있고 관심 가져주는 누군가가 있어 따뜻함과 안정감을 느낀다는 것이다. 지나가며 반갑게 인사를 하거나 짧게라도 일상을 공유하고, 시간이 허락할 때는 깊은 대화를 한다. 가끔 우리 부족에 사람이 없더라도 어딘가에는 늘 사람 소리가 난다. 물론 혼자 있고 싶을 때도 있다. 그럴 땐 문을 닫고 방에서 쉬거나 산책을 간다.

심심함도 해결되었다. 혼자 지낼 땐 주말이나 공휴일에 심심했는데 여기에서는 한 달에 한 번 부족 회식을 하고, 시간이 맞으면 같이 영화를 보거나 여행을 간다. 또 바비큐 파티나 크리스마스 공연 등을 열어 휴일을 즐기기도 한다.

청소도 내가 걱정했던 것처럼 문제가 되진 않았다. 당연히 혼자 살 때보다는 바로 정리하고 꾸준히 에너지를 내야 한다. 식사가 끝나면 바로 설거지하고 물기까지 닦아 제자리에 놓아야 한다. 수건은 공동으로 구매해 한곳에 넣은 뒤 필요한 만큼 자기 방으로 가져가고 다 사용하면 공용 빨래바구니에 넣는데, 가득 차면 가능한 사람이 세탁기에 돌려 건조기에 말리고 개어놓는다. 공용 쓰레기통이 가득 차면 역시 가능한 사람이 내다 버린다.

공유공간 청소는 담당 구역을 정하고, 월 단위로 구역을 바꾼다. 예를 들어 내가 이번 달 화장실 담당이면 주 2회 화장실 청소를 한다. 한 번은 꼼꼼하게 청소를 하고 한 번은 크게 더러워진 곳 위주로 한다. 다음 달에는 다른 구역으로 바뀐다. 그리고 분기별로 대청소를 한다. 공유공간 정리나 구역별 청소가 미비할 때는 사진을 찍어 부족 단톡방에 공유한다. 모두가 최선을 다한다고 신뢰하기 때문에 사진을 올린 사람도 정리를 놓친 사람도 기분이 언짢아지지 않는다.

싱글인 내가 육아 경험을 해보기도 한다. 이곳에는 유아부터 청소년까지 다양한 연령대 아이들이 사는데, 아이들은 같이 사는 어른들을 이모, 삼촌이라고 부른다. 오랜 시간 함께해서 아이들의 부모가 어떻게

\# 연화가 공유식당에서 다 같이 식사한 뒤 식기를 정리하고 있다.
연화는 함께 살고부터 외로움은 물론 노후에 대한 걱정을 내려놓을 수 있게 되었다.

만났는지부터 연애, 결혼, 출산과 아이들의 성장 과정까지 지켜보았기에 보통의 혈연가족만큼 애정이 있고 친밀하다. 그래서 아이들 육아를 분담해서 맡을 때 친조카를 보는 느낌이다. 자주는 아니고 한 달에 한 번 두 시간 정도 유치부 아이들 돌봄이를 한다(돌봄 프로그램 자세한 소개는 32~35쪽 참조). 돌봄이는 4~6명의 아이들이 잘 놀도록 봐주는 역할을 하는데, 아이들 사이에 갈등이 있으면 해결해준다. 돌봄이를 하면서 아이들과 가까워지고 아이들이 주는 즐거움을 느낀다. 이 집에서 태어난 아기의 성장 과정을 지켜보는 것도 신기하고 재미있다.

타인과 함께하는 생활은 나와 다름에 대한 이해와 존중을 해야 하고, 배려와 섬김이 생활화가 되어야 한다. 또 정리정돈이 습관화돼야 하고 공동의 일에 의지를 내 참여해야 한다. 때론 귀찮고 피하고 싶지만, 모두가 이렇게 사니 집은 따뜻하고 풍요로우면서도 편안한 곳이 되었다.

종종 노후의 삶을 생각해본다. 지금처럼 이곳 친구들과 함께 살면서 늙어가고 싶다. 또 지금은 우리가 아이들을 돌보지만 우리가 늙었을 때는 아이들의 돌봄을 받는 상황이 될 것 같다. 현재도 행복하고, 미래에 대한 불안도 없는 은공1호 삶에 만족한다.

어느 휴일의 북적북적한 식사 시간

은공1호에 입주하던 날을 아직도 잊을 수가 없다. 모든 짐을 버리고 생필품만을 짊어진 채 들어오던 그날, 도봉은 맑은 날로 맞이해주었고 마음은 최소한으로 줄인 짐의 무게만큼이나 가벼웠다. 은공1호 옥상 데크에 올라 한눈에 들어오기도 벅찬 도봉산의 선인봉을 바라보며 느꼈던 것은 '드디어 내가 이곳에 들어왔구나!' 하는 설렘과 마음 저 한편에 자리한 두려움이었다.

두려움의 감정이 올라온 것은 뜻밖이었다. 과연 내가 피 한 방울 나누지 않은 사람들과 함께 살 수 있을까 하는 감정이었다. 단어조차 생소했던 공유주택. 남들이 보통 걸어가는 길에서 벗어난 쉽지 않은 결정이었고, 무엇보다 사람들과 쉽게 어울리지 못하는 내면을 가진 나 같은 사람이 다른 사람들과 삶을 공유할 수 있을지가 두려움의 원천이었다. 2017년 8월의 무더운 날, 설렘과 두려움이라는 양가감정으로 새로운 삶은 어쨌든 시작되었다.

어느덧 계절이 하나둘씩 바뀌어가고, 적응이라는 시간도 조금씩 쌓여갔다. 공유주택 삶에서 이제 내가 제일 좋아하는 시간은 토요일 아침 식사 시간이다. 토요일 아침이면 1부족원들이 한두 명씩 부스스한 얼굴로 아침 인사를 하며 거실로 모여든다. 아침 식사를 위해 각자가 하나씩 무언가를 준비하기 시작한다. 누군가는 프라이팬에 달걀과 우유를 섞어 오믈렛을 만들고, 누군가는 버터 바른 식빵을 오븐에 굽고, 누군가는 과일을 씻고 샐러드를 만든다. 커피 내리는 일은 주로 내 몫이다. 거실은 금세 빵 구워지는 냄새와 짙은 커피 향으로 가득해지고, 어느덧 거실 테이블 위로 늦은 아침 식사가 차려진다. 거실 큰 창으로 들어오는 아침의 도봉산 뷰가 마지막으로 소박한 성찬을 채운다.

아이들까지 부족원 열네 명 모두가 거실 테이블에 모여 두런두런 시작하는 토요일의 아침 식사는 생각지 못했던 즐거움이고 힐링이다. 단출하지만 꽤 근사한 브런치와 함께 오전 시간을 부족원들과 이야기 나누는 토요일의 여유는 직장 생활에 찌든 나로서는 무엇과도 바꿀 수 없는 호사라 하겠다. 특별할 것 없는 식사일지라도 함께하는 느린 아침 시간 그것이면 충분하다. 토요일 아침 부족원들을 위해 모닝커피 내리는 일 역시 내 삶의 작은 보람이 되었다.

직장인이 많은 1부족은 공휴일을 이용해 대청소를 한다.
아이들이라고 예외는 아니다.
다 같이 힘을 모으니 무거운 창문도 떼어 묵은 먼지들을 씻어낼 수 있었다.

한글날로 기억하는데 모처럼 휴일을 맞아 부족원 모두가 모여 대청소를 하기로 했다. 평소에는 청소하지 않던 집안 구석구석은 물론 거실에 있는 모든 창을 떼어내서 창틀까지 일일이 닦아내는, 말 그대로 대청소였다. 아이들도 예외는 없어 나름의 역할을 가지고 참여하는 일종의 부족 이벤트였다. 같이 사는 이 공간을 소중히 여기며 이곳저곳 열심히 청소하는 부족원들의 모습을 보자 문득 각자 다른 피를 가진 이들이 이제는 내 가족이라는 생각이 들었다. 어떻게 보면 저마다 사적인 시간을 나와 공유하는 이들은 더 이상 타인이 아니었고, 이들과 함께하는 시간은 더 이상 나만의 사적인 시간도 아니었다. 이들과 모든 순간을 같이 기억하고 같이 추억하는 것이었다.

청소를 마치고 우리 부족은 창밖 도봉산을 배경으로 급조된 즉석 가족사진을 찍었다. 여기서 우리는 매년 한글날 대청소를 하기로 정하고 같은 위치에서 같은 복장으로 가족사진을 찍기로 했다. 커가는 아이들 모습, 늙어가는 어른들 모습을 볼 수 있을 것이다. 진짜 가족이 되는 순간이었다.

대청소가 끝나고 이어진 늦은 점심 식사에 집에 남아 있던 다른 부족원들도 모두 1부족 거실에 모여 함께 식사했다. 부빙가 테이블 위에 식탁보가 깔리면 그 위로 1부족에서 준비한 따뜻한 밥과 국이 올려지고, 다른 부족원들이 들고 온, 갓 꺼낸 김치와 방금 무쳐진 반찬들 그리고 약간의 과일들이 나머지 자리를 분주히 채웠다. 차려진 상차림은 투박했지만 정갈했고, 조촐했지만 잔칫상이었다.

입주 이후 가장 많은 사람이 모인 점심 식사였던 것 같다. 잔치가 벌어져 서로 내어놓는 이야기들과 음식 냄새가 얽히고 섞여 왁자지껄한 분위기를 한껏 돋우어놓았다. 피어오르는 웃음들 속에 다들 맛있게 아니 행복하게 식사를 하던 모습이 선하다. 그 안에서 내 아이들도 웃고 있었다. 왠지 모를 행복감이 밀려왔다. 북적북적하게 식사하는 이 사람들 틈에 내가 끼어 있다는 것이 어쩌면 내 인생에 큰 행운인지도 모른다는 생각이 들었다. 이곳에 입주하며 희미하게만 그려보던 삶이 비로소 현실로 보이기 시작했다.

평생 타인과 소소한 일상을 나누거나 관계를 맺은 변변한 경험이 없는 내 삶에 특별한 삶을 살아보려는 한 줄기 열망으로 들어온 이곳. 이날 내가 맛본 것은 함께하는 삶이 주는 깊은 맛이었고, 사람들과의 관계에서 오는 채워지는 마음이었다. 모두가 공감해주고, 모두가 공감받는다. 이날 1부족 부빙가 테이블에서 모두 식사하는 모습이 찍힌 사진 한 장은 모여 사는 행복이 무엇인지를 보여주는 큰 액자 속 그림으로 내게 남아 있다.

용기 내어 선택했던 공동체의 삶과 은공1호 입주를 통해 나는 이곳에서 무언가 대단한 행복 덩어리를 발견할 수 있으리라 기대했던 것 같은데, 만 4년 넘게 이곳에서 생활을 하면서 발견한 것은 결국 함께하는 식사 시간이 주는 소소한 행복이다. 함께 먹는다는 것은 단순히 먹는 행위로 그치지 않는다. 먹는 것을 나누며 관계 맺는 것을 의미한다. 먹는 맛을 느끼며 사는 삶은 누구나 가질 수 있지만, 만나면 즐거운 사람이

근사하게 차려진 음식이 아니어도 좋다. 함께 먹으면 뭐든 더 맛있다.
밥상에서 오고 가는 대화가 맛있고, 웃음이 맛있다. 사람이 풍성한 식탁,
지금 이 순간을 함께하는 존재들에게 감사한 휴일의 식탁이다.

많은 데서 오는 행복은 누구나 가지기 어렵다. 그런 면에서 북적북적함
은 우리 집을 대표하는 생명 요소다. 이곳에 처음 입주하던 날 느낀 설
렘과 두려움의 양가감정은 이제 매일 찾아오는 설렘으로만 채워지며
어느덧 나는 다가오는 휴일에도 여전할 북적북적한 식사 시간을 기대
하고 있다.

4

무료할 새 없이 활기찬 어울림

곳곳에 꽃꽂이

은공1호에 입주하고 몇 달 뒤 공동체 지인 분들과 건축 과정에서 애써준 고마운 분들을 모시고 입주식을 열었다. 입주식 당일은 모두가 분주히 움직였다. 누구는 주차장을 청소하고, 누구는 계단을 청소했다. 어른이나 아이 할 것 없이 각자 맡은 공간을 정비하고 쓸고 닦았다.

그때 나는 입주식 준비팀이어서 청소를 마치고 손님들이 이 건물에 들어오면 어떤 느낌을 받을지 상상하며 현관부터 옥상까지 이동해 보았다. 현관에 들어서면 흰 벽이 제일 먼저 보이는데 좀 허전할 것 같았다. 은공1호에 들어오시는 분들이 처음 보게 되는 곳이고, 흰 벽에 공동체를 표현하는 글을 붙일 계획이었지만 아직 하지 못한 상태였다. 은공1호의 첫인상이 될 만한 장소에 '오늘은 입주식! 그동안 너무 수고하셨습니다. 이렇게 축하해주셔서 감사합니다. 어서 오세요.'라는 마음을 담을 만한 무언가가 있으면 좋겠다는 생각이 들었다.

몇 해 전, 회사 행사로 어느 호텔을 방문한 적이 있다. 호텔 로비 중앙에 커다란 꽃장식이 있었다. 엘리베이터를 타고 행사장이 있는 층에 내리면 작은 콘솔 위에 예쁜 꽃장식이 놓여 있었다. 그 꽃을 보며 손님으로 환영받는 느낌이 든 기억이 났다. 입주식 며칠 전에 이 생각을 했다면 미리 꽃을 준비했을 텐데 아쉬웠다. 급한 대로 근처 숲에 가서 솔방울과 강아지풀을 구해 와 갖고 있던 리본과 재료들로 카페 입구 벽면과 엘리베이터 앞 창틀의 허전한 공간을 채웠다. 작은 들풀과 열매가 놓이니 신기하게도 자연스럽고 꽉 찬 느낌이 들었다.

그래도 아직은 큰 공간이라고 할 수 있는 현관의 흰 벽 앞이 비어 있어 아쉬움이 가시지 않았다. 어떻게 할지 막막했다. 그때 마침 그 공간에 놓을 만한 분량의 꽃(천일홍)이 내게 있다는 것이 떠올랐다. 매월 1회 진행하는 데이케어센터의 원예치료 수업 재료로 준비해둔 것이었다. 재료로 준비한 꽃을 최대한 훼손하지 않으면서 꾸며야 했기에 머리도 몸도 분주해졌다. 2부족 테라스에 있는 주인 없는 나무 의자를 콘솔로 사용하고, 재활용 수거함에 있는 페트병을 세 개 잘라 높낮이를 다르게 하여 꽃병을 만들었다. 마 소재 천을 잘라 페트병을 가리고 천일홍을 꽂아 의자 위에 올려놓았다. 자줏빛 천일홍은 나무 의자 위에서 아름다움을 뽐냈다. 그 꽃을 보니 설레기 시작했다. 손님들이 은공1호에 현관문을

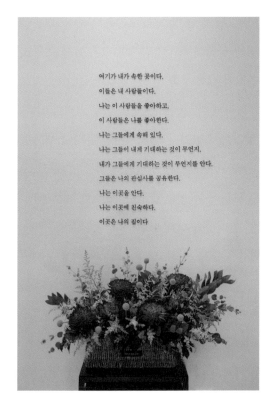

여기가 내가 속한 곳이다.
이들은 내 사람들이다.
나는 이 사람들을 좋아하고,
이 사람들은 나를 좋아한다.
나는 그들에게 속해 있다.
나는 그들이 내게 기대하는 것이 무언지,
내가 그들에게 기대하는 것이 무언지를 안다.
그들은 나의 관심사를 공유한다.
나는 이곳을 안다.
나는 이곳에 친숙하다.
이곳은 나의 집이다

\# 은공1호 현관을 들어서면 가장 먼저 보이는 흰 벽면에
공동체의 의미를 담은 글귀가 있다.
그것과 어울려 입구에 놓인 꽃들이 은공1호를 오가는 이들을 반겨준다.

열고 들어오면서 놓여 있는 꽃을 보며 '와, 나를 반기는구나, 오늘을 위해 뭔가 준비했나 보다, 예쁘네!'라는 마음이 들 것 같았다. 기대만큼 손님들은 들어서며 꽃을 보고 좋아했다. 내 마음도 기쁘고 행복했다.

나와 꽃과의 인연은 스무 살 때부터다. 대학에 들어가면서 언니가

운영하는 꽃 가게에서 아르바이트를 했다. 어깨너머로 배우면서 흥미와 재미가 생겼다. 사람들이 내가 포장한 꽃을 들고 기뻐하는 모습을 보면 나도 기분이 좋았다. 그런 보람이 쌓이면서 동양 꽃꽂이와 플라워 디자인도 배웠다.

하지만 좋아하는 일이 생계를 이어가야 하는 직업이 되니 처음 마음과는 멀어지고, 무리한 사업 확장으로 괴로움을 겪었다. 폐업을 하고 다른 직업을 갖게 되면서는 꽃을 만질 일이 거의 없었다. 그런데 입주식을 계기로 다시 꽃이 주는 즐거움, 설렘, 교감 같은 감정과 꽃을 처음 접하면서 느꼈던 순수한 감정을 느낄 수 있었다. 우연한 상황에 과거에 배웠던 기술을 많은 사람을 위해 사용하게 된 것은 내게는 행운이자 신비한 경험이었다. 그 뒤로 은공1호의 빈 공간에 꽃 장식을 해보기로 했다.

생화를 구매하려면 조금 이르게 퇴근해 창동에 있는 작은 꽃 도매 상가에 간다. 지하 2층에 있는 도매 상가는 계단을 내려가는 초입부터 꽃향기로 가득하다. 강남 꽃 도매 상가만큼 다양한 꽃들이 있지는 않지만, 계절을 느낄 수 있는 대중적인 꽃도 있고, 수입 꽃과 잎 소재 등으로 나름 구색을 갖추고 있다. 꽃을 교체할 때마다 다양한 꽃들을 꽂아보려고 한다. 평소 잘 볼 수 없는 꽃들을 공동체에 보여주고 싶은 마음으로, 누군가가 퇴근길에 우연히 꽃을 마주하고 하루의 피로가 풀렸으면 하는 마음으로 꽃을 고른다. 한아름 꽃을 사와 다듬고 꽂는 일련의 과정은 설레고 즐겁다.

살아 있는 식물, 특히 꽃이 주는 매력이 있다. 세상에 똑같은 사람이 없듯이 세상에 똑같이 생긴 꽃도 없다. 꽃에도 사람처럼 저마다 표정이 있어, 보는 사람에 따라 여러 감정을 느끼게 하는 것 같다. 어떤 이에게는 위로가, 어떤 이에게는 그리움이, 또 어떤 이에게는 사랑이 된다. 방문했던 손님 중에는 항상 꽃이 있으면 좋겠다고 얘기하신 분도 있다. 공동체 사람들도 꽃이 공간을 채워주니 좋다는 피드백을 많이 해준다.

우리 주변을 둘러보면 곳곳에 아름다운 자연이 있다. 들꽃과 나무들이 만들어내는 조화를 인위적인 꽃꽂이가 따라갈 수는 없지만, 은공1호 곳곳의 꽃꽂이들이 작은 자연이 되어 이곳을 오가는 많은 이들에게 쉼을 안기길 바라는 마음이다.

'어른이'들의 놀이터

결혼 4년 차, 신혼의 알콩달콩도 좋지만 둘만 있는 공간이 조금은 적적해질 무렵, 우리 부부는 은공1호 3부족에서의 삶을 시작하게 됐다. 우리를 포함해 아이가 없는 부부가 세 쌍, 싱글남성 한 명, 그리고 청소년 세 명이 한부족이 되었다. 부부도 명백히 말해 혈연은 아님을 감안하면, 우리 부족 가운데 혈연은 아무도 없다.

다들 낮에는 일하거나 공부를 하고, 저녁이 되면 자기 취미생활을 즐기느라 바쁘다. 세범은 바리스타로 일하며, 금요일 밤에는 앙상블에서 클라리넷 연주자가 된다. 매일 퇴근 후 한 시간씩 클라리넷 연습을 한다. 봉엽은 사회복지사로 일하는데, 주말이면 야구·밴드·아카펠라로 바쁘고, 평일 중 하루는 은공1호 내의 카페 '공감'에서 카페지기로 활동한다. 필라테스 강사이자 아트모델인 다진은 퇴근 후 춤을 배우기도 하고, 더 좋은 강의를 위해 대학원도 다닌다. 그리고 밤이 되면 공동체의 다른 사람들과 팀을 꾸려 댄스 모임을 갖는다. 나도 낮에는 대학에서 상담심리사로 일하고, 밤과 주말에는 책 모임, 꿈 해석 모임, 아카펠라 같은 다양한 활동으로 바쁘다.

어느덧 대학생이 된 청소년 아이들도 바쁘다. 중학교 2학년 때 이 공간에 들어온 유진은 베이스기타, 운동, 요리 등 대안학교를 다니며 심화한 자신의 관심사를 다양한 형태로 다른 사람들과 나누고 있다. 이제 막 베이스기타를 시작한 동생이나 이모 삼촌에게 베이스를 가르쳐주기도 하고, 운동이 부족한 이모 삼촌의 개인 트레이너로도 활동한다. 평일에는 치즈케이크를 구워 공감카페에서 팔고 있으며, 일요일 오전에는 졸업 후에도 이어지는 청소년 밴드에서 연습을 한다. 은공1호에 입주할 때 고3이었던 윤구는 대학교 3학년이 되었다. 학과 수업과 학생회 활동 등으로 바쁘게 시간을 보내고 있다.

그래서 우리 부족은 대체로 밤이 오기 전까지는 조용하다. 그러다가 월수금 밤 12시에 청소를 시작한다. 함께 모여서 청소를 하기로 했는데 다들 바쁘다 보니 시간이 맞지 않아 결국 밤 12시로 정한 것이다. 청소 시간은 언제나 왁자지껄 시끄럽다. 거기에 죽이 맞는 삼촌들이 같이 장난을 치기 시작하면, 누가 애인지 어른인지 분간하기 어렵다. 아이들도 깔깔대고 이모 삼촌들도 깔깔댄다.

밤이 되어서야 시끌벅적해지다 보니 '올빼미 부족'이라는 별명이 생기기도 했다. 그에 걸맞게 거실 이름도 큰 거실이 '밤도깨비', 작은 거실이 '밤샘'이다. 다른 부족에 사는 올빼미들도 슬금슬금 우리 부족으로 온다. 10시쯤 되면 컴퓨터 축구 게임인 위닝*을 하러 순환과 익희가 올라온다. 가끔은 아이들도 아빠 곁에 달랑달랑 매달려 있다. 11시쯤 되면 아이들을 재운 워킹맘 혜영이 3부족의 맥주 냉장고를 찾아 올라온다. 2부족 선영도 가끔 음악방송이나 드라마를 보기 위해 은공1호에서 유일하게 영상을 볼 수 있는 거실로 올라오기도 한다. 4부족의 올빼미, 대학생 유빈이 아직 깨어 있는 사람이 있나 어슬렁어슬렁 3부족을 찾는다. 조리사인 상준도 사람들이 뭐 하나 둘러보다가 야식을 먹고 싶다는 사람이 있으면 야식을 만들어준다. 햇살식당의 저녁 식사 정리가 마무리되고 밤 10~11시가 되어서야 쉼이 시작되는 미정도 가끔 맥주와 이야기를 찾아 3부족으로 올라온다.

3부족은 오늘공동체 청소년들의 아지트기도 하다. 어린이집부터 함께 지낸 죽마고우 유진과 종윤의 방에는 청소년들이 자주 들락거리고 같이 게임을 하거나 수다를 떨며 시간을 보낸다. 매일 이야기하는 것 같은데도 수다의 샘이 마르지 않는다. 음악, 게임, 유튜브, 연애 등등 다양한 주제로 이야기가 봇물 터지듯 쏟아져 나온다.

아이들의 부모님들은 다른 부족에 산다. 모든 부족의 문이 열려 있어 서로 오가며 지내기 때문에 다른 부족에 있더라도 부모님과 따로 산

---

* 오픈볼위닝일레븐. 게임회사 코나미에서 만든 축구게임 시리즈.

다는 느낌은 아니지만, 서로 찾지 않으면 이야기 나눌 새가 없다. 종윤은
일주일에 한 번 일부러 시간을 내 4부족에서 생활하는 엄마와 대화하는
시간을 갖는다. 그 외는 배탈이 나거나 용돈이 필요하면 엄마를 찾는다.
나머지 부분에서는 모든 생활이 독립적이다. 청소는 이모 삼촌들과 하
고, 빨래는 모아놨다가 스스로 한다. 식사도 스스로 챙겨 먹거나 햇살식
당을 이용한다.

이모 삼촌들은 청소년들을 아이 취급하지 않는다. 엄마 아빠가 아

3부족은 밤에 더욱 활기차다. 부족원의 생일 파티가 있던 밤.
다른 부족원들도 함께 생일을 축하하며 다양한 야식을 즐겼다.

니다 보니 다 큰 아이들이 덜 자란 것처럼 느껴지지 않기 때문이다. 부족 모임이 있으면 동일하게 참여하고, 이들에게 의견을 묻고 같이 청소하고, 도움이 필요하면 도와달라고 요청하기도 한다. 귀찮아할 법도 한데, 전혀 그렇지 않다. 아이들은 이모 삼촌들이 하는 요청에 꽤 성실하게 도와준다. 하기로 한 일을 성실히 챙겨서 해오고, 진지하게 의견을 주고, 가끔은 "이모는 어때?" "괜찮아?" 하고 살피기도 한다. 그럴 때면 이들이 참 어른스럽다고 느껴진다.

종윤의 엄마 유신은 아들과 부족을 달리해 지내면서 잔소리할 일이 줄어 마음이 편해졌다. 그리고 종윤은 잔소리를 듣지 않아도 자기 생활을 스스로 잘할 수 있는 청소년이 되었다. 한부모인 유신은 아들 종윤에게 엄마가 보여주지 못하는 좋은 남자 어른의 모습을 3부족 식구들이 보여준 것 같다고 말한다. 유신은 엄마가 좋은 어른으로서의 면모를 잘 보여주면 된다고 생각했지만, 한편으로는 내심 종윤이 자라면서 '좋은 남성상'을 경험하지 못하는 것이 아쉬웠다. 그런데 3부족 삼촌들이 충분히 잘 보여주고 있기에 아쉬움은 없어졌다.

애초에 엄마 아빠가 될 생각이 별로 없는 3부족 어른들도 아이들과 삶을 경험하며 풍요롭다. 조금씩 자라는 아이들을 보는 것은 정말 행복한 일이다. 점점 더 친구 같은 느낌이 든다. 청소년인 아이들은 챙겨주거나 돌봐줄 것이 생각보다 별로 없다. 성인과 마찬가지로 문제가 있으면 같이 해결하고, 같이 밥 먹고 놀며 시간을 보내면 된다는 것을 점점 더 실감하고 있다. 사실 3부족 어른들도 다 그냥 나이만 더 먹었지 애들이다. 재밌게 놀고 웃고 떠들며 살다 가고 싶을 뿐이다. 그래서 우리 부족은 애 같은 어른들과 어른이 되어가는 아이들이 모인 '청소년 부족', '어린이 부족'이다.

3부족이 담당했던 바비큐 파티에도 청소년들이 참여했다. 아이들은 어른들과 같이 편성되어 요리를 찾아보고, 미리 만들어보며 맛을 찾아가고, 음식 데코레이션을 준비하는 활동들에 참여했다. 다양한 영역에서 자기 재능이 나왔다. 덕분에 80여 명의 식사를 준비하는 파티를 훌륭하게 마무리할 수 있었다. 내 배 아파 자식을 낳지 않고서도 이런 행복을 느낄 수 있다는 것은 정말 행운이 아닐 수 없다.

무기력이여 안녕

은공1호가 지어지기 전까지 셰어하우스에 살아본 적도, 셰어하우스 주거 경험담을 들어본 적도 없었다. 나는 마음대로 공유주택을 상상했고, 대부분은 우려로 연결되었던 것 같다. 집은 어디에서도 할 수 없는 '널브러짐'을 할 수 있는 공간이라 생각했는데, 여럿이 같이 산다면 널브러지기 어려울 것 같아 걱정되었다.

그러나 다시 생각해보면, 널브러짐이 휴식이 안 된 적도 많았다. 예를 들면 이런 상황이다. 휴일에 자고 싶은 만큼 푹 자고 나서 무언가를 하기 위해 몸을 일으켜본다. 읽고 싶던 책이나 소소한 작업을 하러 이리저리 움직여보지만, 한 시간도 채 되지 않아 다시 드러눕는다. 누워서 의미 없이 핸드폰을 들여다보다가 일어나 다시 책을 집어 들거나 밀린 집안일을 시작한다. 하지만 곧 심심해져 다시 드러눕고만 싶어진다. 누웠다가 움직였다가를 파도에 실려 가듯 반복한다. 그러다 보면 금 같은 휴식 시간을 이렇게 보내는 것에 괜한 자책이 들기도 한다. 이런 상태를 전환하고 싶지만, 그럴 만한 에너지를 내야 한다는 부담감이 또 발목을 잡는다. 이러지도 저러지도 못한 채 늦은 오후 TV에서 가요 프로그램이 방영되는 것을 보고 하루를 아쉬워하며 마감한다.

쉬는 날에 늘어지는 상황을 개선해보고자 카페에 가기도 했다. 사람들 속에 있으면 꼭 누군가와 교류하지 않더라도 그들로부터 받는 에너지가 있었다. 간단한 작업 정도는 할 수 있는 정도로 모드 전환이 되었고, 무언가를 했다는 보람을 느끼며 집에 돌아오는 발걸음은 훨씬 가벼웠다.

은공1호의 환경은 휴일에 에너지를 충전하기 위해 다녔던 카페 나들이가 주던 효험을 매일 매시간 맛보게 한다. 문지방 넘어가는 에너지만 내면 모든 공간이 공유공간이라 카페에 간 것처럼 에너지를 받는다. 작업하다가 좀 지루해지면 자유로이 다른 곳으로 이동하기도 하고, 기분이 가라앉는 느낌이 들 때면 곁에 있는 누군가에게 말을 걸고 소소하게 대화도 한다. 혼자 쉬고 싶을 땐 방에 들어가 원하는 만큼 쉬다가 다시 전환을 원하면 문지방만 넘으면 된다. 이렇듯 은공1호에선 경계를 자유롭게 넘나들며 몸도 푹 쉬고, 정서적으로 교류하며 마음을 채우기도 하고, 직장 일과는 다른 작업을 하며 기분전환을 할 수 있다. 은공1호에는 무기력을 이겨낼 모든 것이 갖추어져 있다.

은공1호 삶에서 부족활동이 많은 부분을 차지한다. 다 같이 부족 공간을 청소하거나 부족모임들이 많아져 전보다 더 바빠졌다. 전보다 더 많은 에너지를 내고 있지만, 누구도 불편해하지 않고 오히려 만족하는 것이 느껴진다. 다들 내가 느끼는 것처럼 능동적인 휴식을 취하기 때문에 많은 일을 함에도 이전보다 빨리 회복하는 것 같다. 늘 뭔가를 더 하고 싶어 한다.

그러다 보니 대부분 잠을 많이 안 잔다. 3부족은 보통 새벽 서너 시까지 ON 상태다. 같이 방을 쓰는 룸메이트(남편이지만 룸메이트라 부를 수 있을 만큼 서로 독립적인 관계다)는 이사 오고 나서 물 만난 고기처럼 하루를 산다. 새벽 1시에도 방에서 남편을 보기 어렵다. 남편이 나를 보는 것 역시 어렵다.

넘치는 에너지 때문에 트러블도 있었다. 한번은 남편하고 시간을 보내고 싶은 나의 마음을 고려해 남편이 새벽 1시 반을 방에 들어오는 통금시간으로 제안했고, 나는 좋다고 했다. 그러나 통금이 지켜져서 즐거운 날보다는 지켜지지 않는 날 받는 스트레스가 관계를 더 악화시켰다. 시간이 지켜지지 않으면 난 불만을 표출했고 이것이 서로의 마음을 상하게 했다. 내 스스로 남편의 자유로운 활동을 제한하면서 결국 나 자신도 괴롭히는 이 시스템을 없애자고 했다. 그 이후 서로를 존중하는 마음이 깊어지고 함께하는 시간을 더 소중히 여기게 되었다.

늦게 퇴근하는 밤, 계단을 통해 부족 공간으로 들어오면 작은 거실에서 모임을 하는 사람들이 "안녕." 인사를 할 때가 있다. 그 작은 인사가 큰 힘이 된다. 종종 활발하게 과외활동을 하는 모습도 본다. 나는 쉬는 날 아침밥을 먹을 때 이 공간을 자주 이용한다. 바깥이 훤히 보이는 탁 트인 느낌이 좋아 밥 먹을 때는 이곳을 선호하게 되었다. 좋은 풍경을 보며 뭔가를 하고 싶은 욕구가 그리 크지 않았는데, 이 집에 살다 보니 풍경 맛을 알게 된 것 같다. 뭔가를 해보고 싶고, 할 수 있도록 힘을 주는 집. 나는 우리 집에서 소소한 활동들로 활기차게 일상을 살아가고 있다.

직장인 애 아빠가 TV와 이별하는 법

TV 프로그램은 정말 재미있다. 내 인생의 30년은 TV와 함께 살아온 것 같다. 한국 사람을 대상으로 취미생활과 관련된 설문조사를 하면 TV 시청은 항상 1위다. 30~50대 기혼 남성은 퇴근 후 집에서 TV를 곁에 두고 살아간다고 해도 과언이 아니다. 과거 남자들은 밖에서 목숨을 걸고 사냥을 했고 집에 돌아오면 멍하게 모닥불을 쳐다보면서 밖에서의 긴장감을 풀었다는 설이 있다. 마찬가지로 경쟁이 심한 현대 사회에서 일하고 돌아온 남성은 최소 30분은 멍하게 TV를 보아야 정신이 집으로 돌아온다는 심리학자의 주장도 있다.

나는 서른아홉 살 직장인으로 딸 하나를 둔 가장이다. 결혼 후에도 퇴근하면 TV를 보며 시간을 보냈다. 주로 야구 경기 중계를 보고 이어 스포츠 뉴스 하이라이트까지 챙겨 보고는 잠자리에 들었다. 시간이 지나면서 아내는 나의 이런 패턴을 힘들어했다. 종일 육아에 지쳐 있다가 남편이 오면 정서적 교류와 대화를 하고 싶은데, 정작 남편인 나는 TV를 보면서 성의 없이 응대한 것이다. 불만이 쌓인 아내는 결국 폭발했고, 내가 TV 시청을 중단하기로 하고 아내와의 관계를 회복했다. TV 시청도 일종의 중독이어서 힘들었지만 그만큼 효과는 있었다. 아내의 얼굴에 그늘이 조금씩 걷히기 시작했다.

은공1호는 여러 면에서 파격적이지만 이 부분에서도 놀랍다. 건물 전체에 TV가 없다! 주변에 TV가 없다고 말하면 많이 놀란다. 나라도 그랬을 것이다. 하지만 막상 이걸 결정하는 건 그리 어렵진 않았다. 입주전 가족 특히 부부간에 TV로 벌어지는 갈등이 많았다. 우리 집 말고도 몇 가정에서 남편이 TV 보는 데 많은 시간을 할애해 아내의 마음이 스산해진 일들이 있었다. 함께 살기로 한 이상 가장 먼저 관심을 두어야 할 건 지금 옆에 있는 소중한 사람이라는 데 공감했다. 입주하면서 대표님께서 TV가 있으면 자연스레 TV 앞에 앉게 되고 함께하는 사람들과 대화보다는 멍하게 TV만 보게 되니 TV를 한번 없애보자 제안하셨고, 모두가 동의했다.

TV가 없어지면서 퇴근 후 삶은 엄청 바뀌었다. 우선은 생산적인 활동이 많아졌다. 먼저 내가 참여하는 독서 모임은 여섯 명이 모여 책을 읽고 감상을 나누고 토론하는 모임이다. 책 감상을 나누다 보면 서로의

\# 은공1호에는 TV가 없는 대신 다양한 교류와 취미활동이 있다.
승엽은 TV를 보던 습관을 바꾸어 함께 사는 사람들과 취미생활을 하며
퇴근 이후의 삶을 즐기게 되었다.

생각과 깊은 마음을 알아가기도 하는데, 이런 교류는 정서적인 만족감
을 준다. 어떨 땐 사회 이슈, 연애 스토리, 여행 후기 등 다양한 주제로 대
화가 끊이질 않아 책 이야기는 못 하고 끝난 적도 있다.

독서 모임 말고도 댄스, 밴드, 아카펠라 모임에도 참여하고 있다.
가을 음악회나 크리스마스 공연에 발표할 수 있도록 평소에 모여서 연
습한다. 나는 밴드에서 베이스기타를 맡고 있는데 실력을 키워보고자

매일 저녁 베이스기타를 연습하고, 일주일에 한 번 선생님에게 레슨을 받는다. 직장 동료들은, 내가 베이스기타를 배우고 공연도 하며 사는 걸 매우 신기하게 여긴다. 30대 후반에 새로운 악기를 배우고, 음악 활동을 하는 것은 삶을 정말 활기차게 하고 내가 살아 있다는 것을 느끼게 한다.

퇴근 후 딸을 돌보는 시간은 그리 많지는 않다. 그래도 가끔은 돌본다. 다만 내 딸만 돌보는 것이 아니다. 돌봄 프로그램 순번이 돌아오면 공동체 유아들을 다 돌본다. 이 시간은 때론 수고스럽기도 하지만, 아이들 성장 과정에 함께하고 있어 뿌듯하고 또 내가 돌보는 시간에 다른 부모들이 자유 시간을 누릴 수 있다고 생각하면 보람도 된다.

TV 보는 시간이 없어진 대신 사람들과 교류가 많아졌는데 그중 청소년들과의 대화는 이곳 생활이 주는 또 다른 활력소다. 청소년들의 싱그러운 생각을 접하면 나의 뇌가 신선한 자극을 받는 느낌이다. 청소년들이 어른인 나를 신뢰하고 다가오면 나는 꼰대가 아닌 것 같고, 꼰대가 아닌 사람이 되려 하다 보면 자신을 계속 성찰해야 해서 성장하게 되는 것 같다. 종종 청소년들과 게임을 하기도 하고, 영화를 같이 보기도 한다. 이런 시간을 보내며 내 삶이 참 여유 있고 행복하다는 느낌을 받는다.

아직 나는 퇴근 후 멍하니 TV를 보고 싶을 때가 있다. 아이패드 속 영상은 여전히 유혹적이다. 그래서 모임과 활동이 없는 시간에는 아이패드를 통해 영상을 보기도 한다. 하지만 30년 친구 TV보다는 생동감 있는 사람들이 더 재밌고, TV 시청 후 느끼는 공허함보다 사람들로 채워지는 꽉 찬 느낌이 좋다. 이렇게 여러 활동이 주는 활력과 청소년을 비롯해 여러 사람과 함께 살아가는 삶이 주는 만족감 덕분인지, 나는 퇴근 이후의 삶이 행복하다고 자신 있게 말할 수 있게 되었다.

내 사랑 TV, 안녕!

2부

공간은 함께 누릴 때 더 커진다

은공1호는 '개인공간'과 '공유공간'으로 이루어져 있습니다. 초기에 연립주택을 잠깐 염두에 두다가 공유주택으로 전환하면서 여러 공유주택들을 방문하고, 수차례 회의를 거쳤습니다. 설계 단계부터 네 부족의 개인공간보다는 공유공간에 비중을 높이자는 데 의견이 모아졌습니다. 각 부족은 정서적 교류를 할 수 있는 더 큰 가족으로 경계를 넓혔습니다. 입주 초기에 한 부족은 12명 내외로 구성했는데 살면서 필요에 의해 10명에서 14명까지로 구성원 수가 변화하기도 하고, 한 세대가 두 부족에 나누어 살기도 합니다.

은공1호는 건물 내부에서 신발을 신지 않습니다. 건물 내 계단은 나무로 되어 있습니다. 일반적인 공동주택의 '층'에 대한 개념을 바꾸어 부족과 부족을 스킵플로어(Skip floor)*형 계단으로 연결하여 반 층의 차이를 두었습니다. 계단과 부족 출입문 가까운 곳에 공유공간을 두게 되니 구조적으로도 마음으로도 부족은 서로를 구분 짓거나 관계의 벽을 세우지 않습니다. 2층은 4부족과 2부족, 3층은 1부족과 3부족의 생활공간입니다. 부족 출입문은 항상 열려 있고 부족이 보유한 공유공간 시설은 누구나 이용합니다. 예를 들어, 모든 부족은 냉장고를 개방했습니다. 자기 부족 냉장고 외에도 자유롭게

• 개방성·경제성·동선의 단축을 위해 건물 각 층의 바닥 높이를 같게 하지 않고 일부를 반 층차 높이로 설계하는 방식. 각 층 상호간의 연락을 쉽게 하는 것이 목적이다. (네이버지식백과 수록 대한건축학회 건축용어사전 참조)

\# 반 층 계단(스킵플로어)을 활용해 부족 출입문 가까운 곳에
공유공간을 두어 공간의 효율성과 개방성 모두를 취하였다.
왼쪽 사진은 2층에서 2.5층을, 오른쪽 사진은 2.5층에서 3층과 2층을 바라본 사진이다.

다른 부족의 냉장고에 있는 음식을 먹을 수 있습니다. 네 개의 냉장고를 가진
셈입니다. 각 부족의 공유공간은 공간을 관리하는 의미로만 구분되고 모든
부족을 넘어 공동체원 전체가 이용할 수 있습니다.

다른 공유주택은 개인공간은 화려하지만 공유공간은 부족해 보일 때가 많았습니다. 공유공간이 개인공간보다 멋지고 아름답지 않으면 사람들은 그곳에 오지 않습니다. 함께 살기 위해 만든 공유주택인데 아무도 모이지 않는다면 본말이 전도된 거나 다름없습니다. 그래서 사람들이 머물고 싶고, 찾고 싶은 공간을 만들기 위해 노력했습니다. 거칠게 말해 돈을 들여 공간을 예쁘게 꾸몄다고 볼 수 있습니다.

은공1호를 방문한 손님들의 첫 반응은 "공간이 정말 예쁘다."입니다. 은공1호는 공간 디자인에 신경을 많이 쓴 집입니다. 공동체 전체가 머리를 맞대고 상상할 수 있는 최고의 공유공간을 만들었습니다. 각 부족이 보유한 거실은 다채로운 공간으로 기획했습니다. 회의에 회의를 거치고 건축설계하시는 분과도 계속 소통을 하며 부족 콘셉트를 정했습니다. 이후 인테리어 과정에서 오늘공동체 내 디자인 감각이 있는 구성원 세 명(미소, 주리, 혜원)이 디자인팀이 되어 부족의 콘셉트에 맞게 공간을 꾸몄습니다. 1부족은 휴양지 리조트, 2부족은 살롱과 아이들 책 도서관, 3부족은 바(BAR), 4부족은 북카페가 주요 콘셉트였습니다.

1부족은 새하얀 벽에 동남아풍 라탄 소재의 소품들과 열대식물 화분들로 마치 동남아에 온 느낌을 주려고 했습니다. 또한, 아프리카 원목으로 직접 만든 넓고 긴 테이블을 거실 중앙에 두어 세련된 고급 리조트를 연상시킵니다. 2부족은 큼직한 러그 위에 큰 원형 탁자와 아기자기한 대리석 테이블로 꾸며 멋스러운 카페처럼 만들었습니다. 테라스 문을 열고 나가면 작은 계단 정원이 눈에 들어옵니다. 거실 한쪽에는 아이들을 위해 작은 도서관을 만들었습니다. 3부족은 조도를 낮춘 따뜻한 조명을 사용하여 늦은 밤 맥주와 야식을 즐길 수 있도록 연출했습니다. 여유가 있는 날이면 커다란 스크린에 풍성한 음향으로 영화를 즐길 수 있습니다. 4부족은 따뜻한 원목을 써서 포근하고 소박한 느낌을 주는 도서관 같습니다. 다채롭고 아름다운 공간은 공동체의 삶을 더욱 풍성하게 합니다. 은공1호에 사는 우리는 그날의 기분과 필요, 활동의 목적에 따라 이 공간 저 공간을 자유롭게 향유합니다.

공유공간을 크고 멋지게 꾸미고 나니 개인 방이 좁아졌습니다. 찾아오는 방문객들에게 가장 많이 듣는 질문이 "개인 방이 너무 좁지 않냐."입니다. 실제로 개인 방은 좁은 편이지만 생활하는 데 답답하게 느껴지지 않습니다. 도봉산 아래 자연경관을 그대로 담을 수 있는 전면 창 때문입니다. 은공1호는 도봉산 아래 자리해 창으로 보이는 산과 풍경이 정말로 아름답습니다. 마치 숲속에 있는 것 같습니다. 전면 창을 통해 자연을 사방으로 볼 수 있다 보니 좁은 공간도 넓게 느끼게 해줍니다.

3층 3부족 거실

2층 2부족 거실

네 부족의 거실은 각각의 콘셉트를 가지고 디자인되었다.
휴양지(1부족 거실), 살롱과 아이들 도서관(2부족 거실),
분위기 있는 바(Bar)(3부족 거실), 북카페(4부족 거실)로 공간을 연출했다.
따로 또 같이를 향유하도록 고심한 결과다.

3층 1부족 거실

2층 4부족 거실

자연을 마음껏 볼 수 있는 큰 창 덕에 좁은 개인 방도 답답하게 느껴지지 않는다.

　　부족이 관리하는 공유공간이 있는가 하면 공동체 전체가 관리하는 공유공간이 있습니다. 이 공간은 지하에 있습니다. 지하 공간을 본 방문객들은 "보통 지하는 습하고 눅눅하고 어두운데 은공1호 지하는 너무 쾌적하다."라고 칭찬합니다.

　　은공1호 지하는 지하라고 했을 때 생기는 편견을 깨고, 부정적인 인식을 바꿔놓을 만한 공간입니다. 은공1호를 건축할 때 지하를 깊게 팠습니다. 층고가 높으면 예산이 많이 들고 공사기간도 길어지지만, 쾌적함을 높이기 위해 그렇게 했습니다. 거기에 성큰가든(sunken garden)*을 넣었습니다. 덕분에 은공1호 지하에는 빛이 들어옵니다. 그래서 지상의 느낌을 줍니다. 또 전체적으로 밝은색을 써서 지하 공간을 화사하게 꾸몄습니다.

마지막으로 은공1호에 숨겨진 멋의 비밀은 조명에 있습니다. 옥상에 하늘길을 연상케 하는 조명을 설치했고, 지하 씨앗홀에는 주광색 등, 전구색 T5등, 간접등을 설치했습니다. 씨앗홀 조명들은 공동체의 다양한 활동에 걸맞게 사용됩니다. 간접조명을 켜고 요가를 하고, 대안학교에서는 주광색 등을 켜고 수업을 진행합니다. 일요일 전체모임을 할 때는 모든 조명을 켭니다. 멋진 가구나 장식이 없어도 조명만으로 활동에 맞는 분위기를 낼 수 있습니다. 지하 공간과 개인 방 등에도 눈부시지 않으면서도 은은하게 천창 느낌을 주는 바리솔 조명을 사용했습니다. 조명으로 공간의 풍요로움이 더해진 것입니다.

자, 그럼 본격적으로 은공1호 집 구경을 시작해보겠습니다. 은공1호에 오시는 분들에게 건물 전체를 지하에서부터 옥상까지 소개하는데, 책에서

* 지하나 지하로 통하는 개방된 공간에 꾸민 정원

도 그 순서를 따랐습니다. 함께 사는 삶을 염두에 두고 만들어진 공유공간입니다. 공유공간에서 개개인이 어떻게 자신의 삶을 풍족하게 채우는지 보는 것만으로도 공유공간이 얼마나 중요한지 느끼게 될 것입니다.

1

지하

약동하는 은공1호의 뿌리

주현

씨앗홀

생명력이 움트는 곳

4m 가까운 높은 천장, 천장에 편백나무로 루버* 시공을 하여 피톤
치드를 내뿜는 곳. 천장 좌우를 가운데 부분보다 낮게 만들어 성당의 울
림이 의도된 곳, 자작나무 합판을 이용한 전면의 큰 벽이 따뜻한 분위기
를 자아내는 곳. 옆면에 있는 성큰가든으로 바람과 햇볕이 들어와 지하
이면서 지상 같은 곳. 음향 설비와 조명 시설이 갖춰져 있고, 그랜드피아
노 소리가 아름다운 곳. 이곳 씨앗홀은 오늘공동체 모든 사람이 모일 수
있는 은공1호의 가장 넓은 장소이자, 대안학교 안골마을학교의 다용도

● 루버(louver): 유리·나무와 그 밖의 재료들을 이용해서 만든 날, 얇은 널빤지, 외 등을 평행하고 수평
으로 배열한 것을 일컫는다. (다음백과 참조)

웅장하지만 고요한 씨앗홀은 살아 숨 쉬고 움직이며 성장하는 은공1호의 뿌리다.

교실이다.

　이쯤 소개하면 '얼마나 대단하길래…'라는 생각이 들 수도 있을 것 같다. 모두가 모이는 장소인 만큼 힘을 준 것도 사실이지만 막상 마주하면 규모나 화려한 측면에서 씨앗홀은 '수수하다', '은은하다'라고 표현될 수도 있다.

　은공1호 건물 구석구석이 그렇듯 이곳에도 공동체의 손길이 닿아 있다. 천장에 시공한 편백나무와 조명 케이스, 전면에 세워진 자작나무 합판, 성큰가든에 깔린 데크는 우리가 직접 손질한 나무들이다. 손길이 많이 닿은 만큼 우리가 갖는 애정도 남다르다. 또한, 씨앗홀은 살아 있는 공간이다. 변화무쌍하기 때문이다. 씨앗홀의 의미는 그곳에서 일어나는 일들로 드러난다. 씨앗홀에서 일어나는 일들을 살펴보자.

일요일에는 오늘공동체에 소속된 모두가 이곳에 모인다. 코로나 19 이전에는 특별한 행사가 없는 일요일이면 다 함께 모여 몸풀기 댄스를 하고, 합창 연습을 한 후 모임을 시작했다. 주로 대표님이 하는 책 강의를 듣거나 외부 강사를 모셔서 배움의 시간을 갖는다. 공동체원 한 명한 명의 삶과 생각을 듣기도 한다. 이런 시간을 통해 공감대를 형성하고, 견문을 넓히며, 공동체원 누군가의 인생을 깊이 느낀다.

평일의 씨앗홀은 아이들을 위한 놀이터이자 교실이며 어른들을 위한 힐링 장소다.

체육관으로 변신할 때 비가 오거나 날이 추울 때, 아이들은 이곳에서 '무궁화 꽃이 피었습니다', '얼음땡', '양말축구' 같은 놀이를 한다. 땀을 흘리며 노는 아이들 웃음소리에 씨앗홀이 왁자지껄하다. 대안학교 시간에는 치어리딩을 배운다. 사랑스러운 아이들의 응원 연습을 보고 있으면 아이들이 내뿜는 활기에 전염되고 만다. 밤이 깊으면 비어 있는 교실은 모두에게 오픈된다. 어른들은 이곳에서 공동체 친구에게 요가를 배운다. 하루의 피로를 땀 속에 녹여 몸 밖으로 내보낸다.

댄스 연습실로 변신할 때 씨앗홀은 축제를 앞두고 준비하는 열의로 가득 찬다. 함께 웃고, 떠들고 뒹굴고, 춤 연습을 하는 동안 우리는 모두

나이에 상관없이 마냥 젊다.

음악실로 변신할 때 유치 아이들은 노래를 배우고, 초등 아이들은 합주를 배운다. 청소년과 성인으로 구성된 앙상블팀도 여기서 합주를 한다. 씨앗홀이 울림이 좋은 곳이라 합주의 맛을 더해준다. 음악으로 우리를 하나 되게 한다.

수없이 많은 어떤 것으로 변신할 때 한 달에 한 번은 공동체원 내부 회의나 스터디를 위한 공간이 된다. 종종 영화관이 되기도 한다. 관심 있는 사람들이 모여서 영화 상영회를 한다. 〈SBS 스페셜〉에서 촬영한 우리 이야기 '간헐적 가족'이 방영될 때는 모두 모여 시청했다. 함께 탄성을 지르며 웃고 떠드니 더 신이 났다. 최근에는 지역 주민에게 다양한 용도로 대여해주기도 한다.

이뿐만 아니다. 공동체 행사 가운데 월 1회 진행되는 바비큐 파티가 있다. 주로 옥상에서 열리지만 혹서기, 혹한기 또는 비가 오는 날에는 씨앗홀에서 진행한다. 씨앗홀은 하얀 도화지와 같아서 파티 진행팀의 요구에 따라 다양한 모습으로 변화한다. 예를 들면 중국 레스토랑, 고급 한정식집, 해적선 그리고 동화 속 야수의 성 등이다. 그 변신의 한계가 어디인지는 누구도 예측할 수 없다.

공연장으로도 손색이 없다. 씨앗홀은 축제 공간이 되어 우리를 설레게 한다. 공동체 전원이 참가하는 아이디어 넘치는 작은 음악회, 갈고 닦은 실력으로 무대에 오르는 완성도 있는 가을 음악회, 춤과 각종 퍼포먼스로 우리를 들끓게 하는 성탄 축제, 대안학교 학생들의 성장을 마주

\# 씨앗홀은 변신 그 자체다. 아이들 놀이터(1)이자 대안학교 축제의 장(2)이며,
명절놀이 한마당 장소(3), 공연장(4)이기도 하다.
다 함께 TV 방송을 보며 왁자지껄한 잔칫집(5)이 되기도 하고,
마을 행사장(6)으로 대여도 가능하다.

하는 학년말 축제이다. 각각의 축제마다 씨앗홀은 콘셉트에 맞는 새로운 무대가 되어 우리를 맞이한다. 데코팀의 무대장식과, 조명팀·음향팀·영상팀들이 협업해서 가능한 일이다. 그리고 열정을 다해 공연하고 또 열정적으로 호응하는 우리가 있기 때문이다. 설과 추석에는 명절맞이 놀이마당이 한바탕 펼쳐지기도 했고 다른 공동체와 교류의 장을 열기도 했다.

'씨앗홀'의 변신을 소개하자니 씨앗홀에 공동체가 지향하는 삶의 가치가 담겨 있다는 생각이 든다. 그것은 '비어 있음'과 '변화 가능함'이다. 우리는 흐르는 물과 같은 삶을 살려고 노력한다. 그 노력은 현실에 안주하지 않고 더 행복해지기 위해 변화를 두려워하지 않는 형태로 드러난다. 평상시에 보면 텅 비어 있는 씨앗홀이 뭔가 허전해 보일 수도 있으나, 비어 있기에 변화가 가능하다. '비어 있음'과 '변화 가능함'. 그 사이에서 어제와 다른 오늘이 피어난다.

새싹방

밤낮으로 변신하는 공간(1)

아침 8시, 알람이 울린다. 일어나기 힘든 몸을 일으켜 샤워를 하고 나갈 준비를 한다. 다른 사람들은 1층에 주차된 차를 타거나 대중교통을 이용해 직장으로 향하지만, 나는 8시 50분쯤 엘리베이터를 타고 지하 1층으로 내려간다. 지하 1층 새싹방이 나의 직장이다. 새싹방은 건축 초기부터 대안유치원 공간으로 쓰일 것을 구상하고 만든 방이다. 나는 아이들 교사다.

9시가 조금 넘으면 아이들이 하나둘씩 인사하며 위층에서 지하로 내려온다. "안녕." 부스스한 머리로 잠이 덜 깬 성현이가 인사를 한다. "이모, 안녕!" 밝고 우렁찬 목소리를 가진 지온이가 아빠랑 등장한다. "안녕!" 같은 방을 쓰는 두 살 차이 지윤이랑 서은이가 쌍둥이같이 손을 잡고 뛰어오면서 반갑게 인사한다. 아이들 인사를 받으면 몸에 생기가 돈다. 난 아침에 일어나면 몸이 찌뿌듯하고 차분한데, 아이들은 아침부터 에너지가 넘친다. 참 신기하다. 사소해 보이는 아침 인사에서도 우리가 서로를 얼마나 좋아하는지가 느껴진다. 만나서 반가운 우리. 아이건 어른이건 매일 보고 사는데도 아침부터 참 반갑다.

새싹방은 사면이 자작나무 합판으로 둘러싸여 있어 따뜻한 느낌을 준다. 또 복층으로 자그만 다락이 있는데, 아이들은 천장에 머리를 자주 부딪치면서도 매일같이 그곳에 우르르 올라가 놀곤 한다. 야무지게 천을 이어 만든 끈을 다락 난간에 단단히 묶고 나머지 다른 한쪽을 바구니에

묶는다. 이것은 곧 소꿉놀이 음식을 배달하는 완강기가 된다. 아이들은 난간 아래 1층으로 바구니를 올렸다 내렸다 하면서 음식을 배달한다. 요즘 7세 아이들이 푹 빠져 있는 놀이는 유리문 틀에 양다리를 벌려서 문 위로 조금씩 타고 올라가는 놀이다. 가장 높은 곳까지 도달하면 다시 서서히 내려온다. 암벽타기와 같은 셈이다. 새싹방은 아이들의 상상력이 더해져 놀라운 상상 놀이터가 된다. 매일 아이들은 공간을 새로운 방식으로 재탄생시켜 놀이를 한다. 아이들의 기발한 상상력으로 이곳은 라푼젤이 사는 성이 되기도 하고, 스파이더맨의 놀이터가 되기도 한다.

저녁 6시 30분. Yeah! 퇴근 시간이다. 돌봄 담당 이모나 삼촌이 새싹방에 들어와 아이들을 데리고 2층 2부족 거실로 올라간다. 내가 "Good-bye, children!" 인사하면 아이들은 큰소리로 "Good-bye, teacher!" 인사한다. 오늘 하루도 참 빠르게 지나갔다.

아이들 크기의 화장실, 천장에는 북두칠성 조명, 다락으로 올라가면 나오는
작은 아지트…. 낮 시간의 새싹방은 아이들 맞춤 공간이다.
그곳에서 미소와 아이들이 즐겁게 놀고, 수업한다.

다진

밤낮으로 변신하는 공간(2)

새싹방 이용 빈도수로는 내가 아마 1등일 것이다. 현대무용을 전공하고 지금은 필라테스 강사로 일하는 나는 몸을 풀 공간이 필요한데, 새벽 조용한 시간을 이용해 스트레칭을 하거나 춤을 추는 장소로 새싹방을 아주 잘 쓰고 있다. 자기 집 지하에 연습실이 있는 사람은 한국에 정말 흔치 않을 것이다. 한 면 전체가 거울로 되어 있고, 천장이 높은 덕에 전혀 답답하지 않고 습하지도 않다. 또 집 안에 있다 보니 무섭지도 외롭지도 않다. 새벽에 춤을 추는데 거울에 비친 게 알고 보니 내가 아니라 귀신이었다는 농담 섞인 괴담도 들은 나지만, 이 공간은 전혀 귀신이 나올 것 같지 않아서 안심이다.

벽면의 문을 열어 전면 거울을 드러내면,
늦은 밤 새싹방은 춤의 새싹이 자라는 곳이 된다.

    화요일에는 춤모임이 있는 날이다. 늦은 밤, 10시가 넘은 시각이지만 이 공간에서 밤 10시는 보통 한국인의 밤 7시와 같은 느낌이다. 일찍 온 사람은 둘러앉아 발도 한번 주물러보고, 다리도 한번 찢어보며 하하호호 수다를 떤다. 수다를 떨다 시간이 많이 가기도 하지만 그래도 몸을 일으켜 무언가 해보자며, 업무에 일과에 지친 몸을 이끌고 춤이라는 또 다른 과업을 향해 에너지를 내본다. 이 시간만큼은 전공을 살려 일일 안무가가 되어보는 나, 그리고 이 시간만큼은 무용수인 같이 사는 우리 언니들. 몸을 부대껴가며 프로무용단처럼 유튜브에서 본 화려한 동작을 시도해보기도 하고, 그에 맞는 트레이닝을 해보며 연말에 있는 성탄 축제에서 잘 해낼 자신을 그려본다. 예술이, 무용이 대단해 보이기만 했는데 이렇게 하는 것이 예술이고 무용이 아닐까. 다만 공간과 투입할 시간과 지도자가 없어서 누구나 할 수 없을 뿐이지. 하지만 난, 우리는 이렇게 쉽게 해보지 못했던 그것들을 해나가고 있다. 가벼운 마음으로, 조금은 무겁고 진지하기도 하면서 말이다.

좋은 공간이 있어도 함께하는 사람이 없다면 재미가 덜할 것이다. 모임을 만들어서 함께 움직이는 시간을 갖는 것 또한 이 좋은 연습실을 누릴 방법이다. 연습실을 공유하는 사이가 되는 것은 관련 업종에 종사하는 사람이 아니면 잘 없는 일인데, 우리는 이 공간 덕에 호사를 누리고 있다.

햇살식당

밥에 행복이 있다

오늘공동체는 은공1호 입주 전에도 근처에 모여 살면서 '식탁'이라는 이름으로 저녁 식사를 같이했다. 부모들이 퇴근 후 식사를 제때 챙기는 것은 쉬운 일이 아니었기에 방과후학교를 마친 아이들에게 공동으로 저녁 식사를 제공할 필요가 생겼다. 직장을 다니는 젊은 부부나 싱글들도 집밥 같은 식사를 하고 싶은 소망이 있었다. 이런 필요들을 채워보자는 자발적인 움직임이 '식탁'을 탄생시켰다. 먼저 식사 준비가 가능한 사람들이 요리할 수 있는 요일을 정했다. 한 사람이 메인 셰프가 되고 두세 사람이 도우미 역할을 했다. 아이들 간식을 만들고, 저녁 밥상을 차렸다. 대략 20~30명의 아이들과 어른들이 평일 저녁 식사를 함께했다.

오늘공동체원을 한 식구로 만들어주는 햇살식당

저녁 식사로 밖에서 햄버거 같은 인스턴트 음식, 조미료가 많이 들어간 음식을 사 먹어야 했던 아이들은 저녁 식탁을 좋아했다. 어른들도 말할 것 없이 만족했다. 정성이 담긴 건강한 밥상이었다. 음식도 맛있었지만, 함께 준비하고 대화하면서 먹는 즐거움도 컸다. 밥만 먹는 것이 아니라, 밥상에서 일상을 나누고 공유했다.

2017년, 공동체주택 은공1호가 완공되었다. 호텔 같은 집이었다. 여러 공유공간 가운데서도 대표적인 공간이 지하 햇살식당이다. 공간이 예쁘기도 하지만 옹기종기 모여 식사를 하는 이곳은 이름처럼 따스하다. 예로부터 밥을 같이 먹는 사이를 식구(食口)라고 부르는 것처럼, 우리는 한 가족이 되었다.

낮에는 대안학교 학생들의 교실이자 식사 공간인 햇살식당은 저녁에는 모두에게 개방되어 아이들과 어른들의 식사 공간으로 변한다. 나는 이 햇살식당에서 공동체 요리사로 일하며 평일 저녁 식사를 준비한다. 한식 조리를 맛깔스럽게 잘하시는 엄마의 음식을 먹고 자란 덕분에 나는 한식 요리를 제법 하는 편이다. 내가 어렸을 때, 엄마는 절기에 맞는 요리를 자주 해주셨다. 봄에는 쑥떡·수제비, 여름에는 팥칼국수·삼계탕·열무비빔밥, 가을에는 호박죽·부침개, 겨울에는 동지팥죽·오곡밥·오곡나물 등을 만들어주셨다. 계절이 바뀔 때마다 제철 음식들이 생각나고 먹고 싶어 공동체 식사로 그 음식을 하게 된다. 엄마의 맛을 살려 음식을 만들고 차릴 때마다 엄마와의 추억을 떠올려보기도 한다. 엄마는 1년 365일 언제나 변함없이 밥을 해주셨다. 그때는 그것이 특별하거나 대단하다고 생각지 못했다. 주부가 되어서야 비로소 깨달았다. 매일 똑같은 시간에 변함없이 식사 준비하는 일이 간단하지도 않고, 쉽지도 않다는 것을 말이다. 몇 가지 반찬을 하더라도 수많은 생각을 하게 되고, 오늘 반찬, 내일 반찬…, 계속 생각해야 한다. 엄마는 그 일을 그렇게 수십 년간 해오신 것이다. 그래서 엄마의 밥상이 귀하고 정성이 가득한 밥상이었음을 안다.

나는 공동체 식사를 담당하면서 엄마 같은 마음을 표현해보려고 노력하고 있다. 일상이지만 특별하게 맞이하는 식사, 식구들을 위해 한결같았던 정성 가득한 음식 말이다. 내가 만든 음식을 공동체 식구들이 맛있게 먹어주면 그 자체로 감동이 된다.

공동체 아이들은 저녁 한상차림을 '미정 이모 밥'이라고 부른다. 맛있는 식사가 나오기를 기대한다. 자신들이 좋아하는 음식이 나올 때 더욱 왕성한 식욕을 자랑한다. 공동체 요리사는 공동체원의 엄마 역할을 하는 것 같다. 엄마의 마음으로 밥을 짓다 보니 밥하는 일이 힘든 노동이 아니라 식구들을 위해 만찬을 준비하는 즐거운 일이 된다.

공동체 식탁에서는 모두가 어느 정도 노동에 참여한다. 초등학생부터 어른까지 자신이 먹은 그릇은 스스로 설거지하고 먹은 자리도 스

오늘공동체원들에게 장금이로 불리는 미정은 햇살식당의 주인장으로서
은공1호 식구들에게 맛있는 식사를 제공하고 있다.

스로 정리한다. 설거지를 하지 않는 유치 아이들은 수저를 자기 자리에 차려놓는 정도는 한다. 몇몇 공동체원은 모든 식사가 다 끝나면 전체 설거지를 도와준다. 자원해서 요일을 정해 설거지를 돕는 사람도 있고, 요일제 담당이 아니어도 설거지를 돕는 사람도 있다. 설거지를 같이하면서 우리는 수다도 떨고, 또 어느 때는 깊이 있게 일상을 나누기도 한다. 유행가를 틀어놓고 신나게 따라 부르기도 한다. 화기애애한 분위기다.

공유주택에 관심 있는 분들이 방문하셔서 부러워하는 부분이 있다. 그중 하나가 공유공간 안에 식당이 있고 식사를 준비해주는 사람이 있다는 것이다. 밥을 먹는 것은 일상의 큰 부분이다. 밥 한 끼 먹는 것이 무엇이 그리 중요하겠나 싶지만, 살다 보니 밥 한 끼가 소중하고 중요하

미정은 아이들의 요리 수업 선생님이기도 하다. 덕분에 아이들이 할 수 있는 요리도 다양해졌다. 꼬마 요리사들이 직접 만든 피칸파이를 시식하고 있다.

다. 오늘 뭘 먹었느냐에 따라 기분이 달라지기도 하고, 오늘 맛있는 음식을 먹었는지 안 먹었는지에 따라 삶의 질이 달라지는 것 같은 느낌을 받을 때가 많다. 그런 점에서 공동체원들은 공유식당에서 정성이 담긴 건강한 식사를 하며 소소한 행복을 느낀다고 한다. 공동체 요리사인 나도 음식으로 사람들에게 만족과 즐거움을 주는 일이 참 좋다.

우리네 부모님들은 언제나 자식들이 밥을 먹었는지 확인하신다. 밥만 잘 먹어도 아픈 데가 없다. 밥은 참 고마운 존재다. 나이가 들어가니 그것을 절실히 느끼게 된다. 그 밥을 나는 오늘도 즐겁게 짓고 있다.

바람소리실

음악 하는 집

음악 연습실의 탄생

공유주택이 만들어지기 이전부터 공동체 동아리 활동은 이미 만개해 있었다. 그중 음악 동아리도 활성화되어 밴드 3개, 오케스트라, 아카펠라 팀이 있었는데 개인 연습과 합주 공간이 매번 절실했다. 특히 밴드 연습을 할 때 동네 합주실을 한 시간에 2만 원 정도씩 비용을 내고 빌렸던 터라 공유주택을 설계할 때 음악 연습실과 합주실은 우선해서 고려해야 할 필수 공간이었다.

은공1호가 지어지며 상상했던 일이 눈앞에 펼쳐졌다. 튼튼하고 완벽한 방음 시공으로 새벽에도 드럼을 맘껏 칠 수 있는 공간이 지하에 생긴 것이다. 필요한 사람이 많았던 만큼, 대안학교가 끝나고 바람소리실이 개방되면 사람들이 퇴근하는 저녁 시간 이후부터 새벽까지 빌 틈이 없이 이용된다. 주로 개인 악기나 노래 연습, 레슨, 밴드 합주로 채워진다.

바람소리실은 초기에는 자율적으로 운영되었다. 그러나 시간이 서로 겹치는 문제가 발생하면서 사용 일정을 알리고 조율해야 할 필요가 생겼다. 우리 공동체에서는 필요를 가장 먼저 느끼고 요청하는 사람이 그 문제를 해결하는 역을 맡게 되는 경우가 빈번한데, 나 또한 바람소리실을 자주 사용하다 보니 관리자의 필요를 어필하였고, 결국 내가 바람소리실 관리 담당자가 되었다. 바람소리실은 모두가 사용 가능하나 이용자가 거의 정해져 있다. 그래서 주로 이용하는 사람들을 모아 카톡방을 만들었다. 정기적으로 사용하는 사람들은 자신의 사용 시간을 올리고 겹칠 경우 이 카톡방에서 조율한다. 그 외 비는 시간에 잠시 사용하고자 할 경우에는 카톡방에 통보하고 사용한다.

바람소리실은 오늘공동체의 한 면을 상징하는 곳이기도 하다. 이는 공동체와 음악의 관계를 살펴보면 이해가 될 것이다.

오늘공동체와 음악

공동체 안에서 활동들이 왕성하고 다양해질수록 음악 활동도 그에 비례해 커져갔다. 음악을 취미로 향유하고 싶지만 사회생활, 육아 등 현실적인 문제로 포기했던 몇몇 사람들이 음악 모임을 결성하고 음악 레슨을 공유하는 등 음악 활동에 발을 들이게 되었다. 주변에 음악을 배우는 사람들이 있고 함께 연주할 팀이 있고, 무엇보다 무대와 관객이 있으니 자동으로 동기부여가 된 것이다.

공동체 초기에는 공동체 내에서 음악 공연을 할 기회가 1년에 한 번, 성탄 공연뿐이었다. 성탄 공연은 음악뿐 아니라 연극, 영상, 댄스 등 갖가지 끼를 대방출하는 종합발표회 형식이다. 그런데 음악 동아리 수가 늘고, 동아리마다 자기 레퍼토리가 많아지면서 음악을 중심으로 하는 발표회를 또 열자는 제안이 자연스럽게 나왔다. 이에 해마다 9월에는 가을 음악회가 열린다. 공연을 하는 공동체원들은 집중해서 보고 들어주는 관객들 덕에 실력을 더 키워갔다. 준비 기간도 점점 길어져 이날을 위해 1년을 준비하기도 했고, 해가 갈수록 음악회의 퀄리티가 높아졌다.

음악은 오늘공동체 사람들이 자신을 표현하고 함께 즐기는 중요한 도구다.
다양한 음악축제가 생겨나 무대에 서는 일도 많아졌다.
사진은 바람소리실에서 음악회를 앞두고 연습하는 모습이다.

실력과 규모 면에서 음악회가 날로 고품격으로 향하는 것은 필연적이었지만 이것의 반향으로 또 다른 성격의 음악회가 생겨났다. 음악회에 참여하는 것이 부담스러울 누군가를 위해 '초등학교 3학년 이상 공동체원 모두가 참여하는 작은 음악회'가 생겨난 것이다. 작은 음악회는 특별히 준비하지 않아도 현재 자기가 가진 흥과 끼를 펼쳐 보일 수 있는 부담 없는 음악회였다. 취지는 분명 '준비하지 말자'였고, '작은' 음악회를 지향했지만, 사람들의 열정이 더해지다 보니 이 또한 점점 커지는 것을 막을 수는 없었다. 현재 공동체 내에서 매년 이루어지는 정기적인 음악 행사로 5월 작은 음악회, 9월 가을 음악회, 12월 성탄 공연이 정착되었다.

공유주택에 입주하고 1~2년 동안은 에너지가 내부에 집중됐다면, 안정기를 거치면서 이웃과의 교류가 잦아지고 지금은 지역 활동에도 적극적으로 참여하고 있다. 오늘공동체에 소속되면서 누리는 행복이 컸다. 그 지경(地境)을 이웃과 지역으로 확장한다면 행복은 더욱 지속가능할 것이라는 믿음을 모두가 공유하고 있었다. 이에 이러한 외부 활동은 자연스러운 흐름이었다. 그렇다 보니 지역 축제, 행사 등에 공동체가 적극적으로 참여하고, 외부에서 공동체에 음악 공연을 요청해오는 일도 많아지고 있다. 음악은 내부 구성원들의 연결망이기도 하지만 내부와 외부를 연결해주는 매개이기도 한 것이다. 이처럼 공동체에서 음악 활동이 주는 풍요가 큰 만큼, 바람소리실은 없어서는 안 될 중요한 공간이다.

도담실 /아람실 /모해실[●]

나를 성장시키는 작은 방

　　나는 상담심리 전문가이다. 마음에 어려움을 겪는 모든 연령대를 대상으로 20년 넘게 상담을 해오고 있다. 상담이 예술활동과 참 유사하다는 생각을 자주 한다. 최근에 읽은 책 김영하 산문집 《여행의 이유》(문학동네 펴냄, 2019년)에 이런 얘기가 나온다. 자신의 글쓰기 작업에 관한 얘기다.

　　"작가는 대체로 다른 직업보다는 여행을 자주 다니는 편이지만, 우리들의 정신에 가장 큰 영향을 미치는 것은 자신이 창조한 세계로 다녀오는 여행이다."

● 도담: 건강하게 자라다. 아람: 충분히 익어 벌어진 과일. 모해: 모퉁이를 비춰주는 햇빛.

나는 상담 과정이 이와 비슷하게 느껴진다. 상담자도 내담자도 예상하지 못한 어떤 곳에 머물러 함께 아파하고, 느끼고, 이해하는 과정을 거치고 돌아오면 내면이 자유로워지고 숨 쉴 수 있는 새로운 공간이 만들어지기 때문이다. 그 과정이 때로 실패로 끝나기도 하지만 때로는 아름다운 결과로 이어지기도 한다. 새로이 만들어진 공간이 나에게는 세상에 하나밖에 없는 창조된 세계 같다. 그래서 나는 내담자들을 알아가는 과정을 너무 사랑한다. 그들과 함께하는 시간이 어떤 시간보다 나를 설레게 한다.

나는 오늘공동체에서도 몇 사람의 멘토 역할을 하고 있다. 내 직업과 유사한 활동이다. 공동체에서 멘토 역할을 한 지 20년 정도가 되었고 멘티들과는 10년에서 20년 정도 관계를 맺어왔다. 그들이 살아온 인생, 그들의 현재진행 중인 삶, 그들의 미래를 함께 가꾸었고 가꾸어가고 있다.

공동체 멘티 상담은 일반 상담 장면과는 또 다른 맛이 있다. 일반 상담은 일주일에 한 번, 한 시간 정도 내담자와 만난다. 반면 공동체 멘티들과는 상담시간 외에도 여러 활동을 함께하기에 상담 장면에서 벗어나 일상을 공유한다. 그들은 나의 부족함, 엉뚱함, 두려움, 소심함을 가까이에서 경험한다. 그래서 한때는 공동체 멘티들과 상담을 하는 내가 일반적인 상담만 하는 다른 심리상담사들보다 괴로움을 더 겪고 있다고 생각했다. 멘티들에게 내 삶이 공유되는 만큼 내 삶에 책임감이 더 커지는 것 같았다. 어떻게 살아가야 할지, 무엇을 지켜야 할지, 무엇을 소중하게 느껴야 할지, 어떻게 행동해야 할지에 대한 고민이 항상 나를 따라다녔다. 반백년을 산 지금도 그 고민의 정답을 찾지 못했다. 내가 찾은 것은 '나는 늘 여전히 부족하지만, 괜찮다.'라는 사실이다. 다양한 나를 입체적으로 경험하는 멘티들에게 깊은 수용과 환대를 받고 있다. 이 지점이 공동체 멘티들과의 관계에서 많은 고민을 해왔던 나를 무척이나 자유롭고 행복하게 한다.

공동체에서 멘티들과 만나는 장소는 여러 곳이 있지만 내 멘티들과는 주로 은공1호 아람실에서 만난다. 이곳으로 오기 전 회기동에 공동체가 있을 때는 컴퓨터 작업도 하고, 밥도 먹고, 잠도 자는 번잡한 공간에서 상담을 했다. 그 공간은 아람실에 비하면 누추하지만 우리는 오랜 세월을 함께했다. 두 사람이 집중해서 만나는 그 시간을 우리는 소중하게 여겼다. 덕분에 도봉에 자리 잡은 은공1호 곳곳에 조용하고 깔끔한 상담 공간이 마련되었다. 도담실, 아람실, 모해실이다. 멘티들과 적어도 10년에서 20년 동안 많은 이야기를 하고 살았는데 여전히 할 이야기가 넘쳐난다. 그들이 하고 싶은 얘기도 많고 나도 궁금한 것이 많다. 한 시간을 정하고 만나지만 항상 그 시간을 초과한다. 그래서 몇 안 되는 멘티들과 만남을 갖고 나면 반나절은 족히 흘러간다. 서로를 향한 관심과 대화의 깊이 측면에서 여느 부부 사이보다 더 낫지 않나 싶다.

공동체 식구들은, 특히 청소년들과 나의 멘티들이 자주 내 표정과 행동과 말투 등을 따라 하며 좋아한다. 그 시간이 유쾌하다. 모두가 서로에게 그러한데, 친밀함과 좋은 정서를 표현하는 방식 가운데 하나다. 오

멘토와 멘티가 집중해서 진지하게 만나는 일대일 상담시간은
자신과 타인을 이해하고 수용하는 힘을 길러준다. 그 힘은 오늘공동체의 근간이 된다.
일대일이 이루어지는 도담실(1), 아람실(2), 모해실(3).

랜 시간 관계를 맺어오면서 서로를 꾸준히 유쾌한 시선으로 보며 진정으로 환대할 수 있는 이유는, 일주일에 한 번, 때로는 격주에 한 번 멘토와 멘티로 만나 10년, 15년, 20년을 함께한 시간 덕분이다. 우리가 만든 공동 작품이다. 20년을 상담했는데도 지겹지 않은 멘티들과 여전히 즐겁게 만나고 있다. 그 현장이 바로 이곳 —도담실, 아람실, 모해실이다.

　　이 공간에서는 부끄러운 자신을 보게 되고, 그런 자신을 미워하기도 하고, 새로운 진실을 무척이나 아리게 깨닫기도 하고, 자신보다 자신을 더 이해하고 수용하는 대상을 경험하기도 하고, 그 대상으로 인해 눈물을 흘리기도 한다. 때로는 자신과 직면하는 호된 시간을 가지며 휘청거리기도 한다. 이 공간에서 진지한 마음으로 소통하는 시간이 쌓여 자신과 타인을 깊이 이해할 수 있게 된다. 이 방을 '부끄러운 나의 내밀한 부분을 발견하고, 그 내밀한 부분을 드러낼 용기를 얻고, 그 용기가 나를 이 공동체에서 더 자유롭게 하는 곳'이라고 할 수 있지 않을까 싶다. 그래서 우리는 이 방을 멘토와 멘티가 연결되는 공동체의 뿌리가 되는 공간이라고 여긴다.

2

1층

모두에게 열린 품 넓은 그루터기

공감카페

공감을 일구어가는 사람들

은공1호 1층에 카페가 만들어졌다. 집 안에 카페가 만들어진다는 소식이 매우 반가웠다. 사람들과 대화하기 위해 조용한 카페를 찾아다닐 필요가 없고, 편안한 분위기에서 자유롭게 떠들고 웃으며 이야기할 장소가 생겼다는 기쁨이 컸다. 틈틈이 서로의 일상을 공유하고 깊은 대화를 많이 나누는 우리 공동체에 정말 이상적인 공간이라는 생각이었다.

카페가 열리고 바리스타 일을 하는 공동체원이 커피 머신 및 비품들을 세팅하고 음료 레시피를 개발했다. 카페를 운영하기 위해 카페지기도 필요했다. 처음에는 바리스타로 일하는 공동체원이 혼자 운영했는데, 그가 하는 일이 있어 자리를 비우면 카페지기가 없어 커피를 마시지

공동체원들이 공감카페의 운영자이자 손님이다. 바리스타 교육을 받은 카페지기들이 음료를 내려준다. 각종 모임의 장소로 활용되고 대화나 개인 작업 시 자주 찾는다.

못하는 상황이 생겼다. 대안으로 한 사람이 전담하는 것이 아니라 여러 명이 돌아가며 카페를 운영하는 것으로 방식을 바꿨다. 자원이나 추천을 통해 카페지기를 할 사람을 모집하여 카페지기 팀이 구성되었고, 정기적으로 커피 교육과 회의를 통해 운영의 틀을 다져갔다. 카페지기들이 각자의 시간을 조율해서 더 많은 시간을 할애해 카페를 운영해준 덕분에 공동체원들은 원하는 때에 커피를 마시는 것이 가능해졌다. 운영 방법이 바뀐 뒤 카페지기에게 약간의 수고비를 주었는데, 카페지기들이 수고비는 카페와 공동체를 위해 사용하길 원한다고 제안해 현재는 돈을 받지 않고 일하고 있다. 음료 판매 수익은 카페 공과금, 비품, 공동체원을 위한 간식 구입 등에 사용된다. 일반 카페만큼 인건비나 임대료가 지출되는 것은 아니어서 맛있고 질 좋은 음료를 훨씬 저렴한 금액에 제공한다. 음료값은 주문인별로 내역을 기록해서 한 달에 한 번 정산해 각 개인에게 청구한다.

나에게 카페는 퇴근길 한 번씩 들르는 방앗간이 되었다. 테이블에 앉아 두런두런 얘기하는 시간이 좋았다. 사람들에게 음료를 제공해주는 카페지기를 보면 항상 고마운 마음이 들었다. 마음과 시간을 내어 자기 재능을 나눔 하는 모습이 좋아 보였다. 한 사람 한 사람이 느끼는 맛에 맞추어 커피를 내려주는 세심하고 멋있는 사람들이었다.

공감 1기 바리스타를 모집한다는 소식에 나도 사람들에게 도움이 되고자 커피를 배우고 싶은 마음이 들었지만, 선뜻 나서진 못했다. 커피를 물처럼 자주 마시지만 직접 내린다는 것은 어쩐지 자신이 없었다. 커피의 다채로운 세계를 잘 이해할 수 있을지, 세심한 손길로 만들 수 있을지 여러 걱정이 들었다. 주저하고 있을 때 카페 담당자 주리에게 카페지기를 제안하는 연락을 받았다. 고민 끝에 '그래, 한번 해보자. 사람들에게 도움이 될 기회가 왔는데!'라는 생각이 들어 도전해보기로 했다.

커피의 세계는 모든 게 낯설었다. 기구들을 처음 만져보는 내 손은 많이 조심스러웠다. 혹여나 잘못 만져서 고장이 나거나 굉음을 내며 폭발해버릴 것 같은 불안감이 엄습했다. 기계 작동 방법과 커피를 내리는 과정을 천천히 배워갔다. 속도는 느리지만 새로운 것을 배우니 삶에 활력이 생겼다. 처음으로 내린 아메리카노를 맛보고 피드백을 기다리는 시간은 커피 내리는 시간보다 훨씬 더 길게 느껴졌다. 결과는 '맛있다'였다. 안도감이 들면서 더 의욕이 생겼다.

커피 맛에 대해 서로 평가하는 이야기를 들으며 커피가 아주 섬세한 손길이 필요한 음식이라고도 느꼈다. 물과 샷을 섞어서 내놓는 단순한 작업이 아니고 온도 차이, 물 양의 차이, 샷을 만들 때 커피가루를 어느 정도 세기로 누르느냐 등 하나하나의 작업에 따라 맛이 달라지는, 비율과 타이밍이 매우 중요한 과학적인 음식이라는 생각이 들었다.

아메리카노에 이어 라떼의 세계로 입문했다. 쉽지 않은 세계였다. 도대체 거품은 언제쯤 만들 수 있는 것인지 우유 파편을 맞으며 좌절을 맛봐야 했다. 스팀기를 틀 때마다 스팀기 소리에 매번 깜짝깜짝 놀랐다. 지금도 여전히 놀라고 있다. 물로 스팀 연습을 몇 번 하고 우유로 스팀을 한 모양을 카페지기 카톡방에 계속해서 올렸다. 이어 하트를 그리기 시작했다. 일명 엉덩이 모양의 하트다. 다채로운 엉덩이 하트가 나왔다. 백합이 나오기도 하고, 우주선이 나오기도 했다. 단톡방에 올라온 사진들을 보며 각자가 어떤 이미지로 느끼는지를 나누며 즐겁게 시간을 보냈다. 귀여운 것을 좋아하는 나는 주리가 만든 귀엽고 자그마한 하트 모양을 좋아했다. 그래서인지 주리의 라떼아트 사진이 올라오기를 기다리는 것이 하루의 즐거움이었다. 어느 정도 하트가 나오면서 곁 하트를 배우기 시작했다. 거품으로 하트 하나를 만든 다음 다른 하트를 만들어 컵의 앞쪽으로 미는 작업을 몇 번씩 했다. 아직도 라떼를 만들 때는 긴장한다. 거품이 안 나올까, 하트가 안 나올까 조바심이 난다. 거품이 적건

많건, 하트이건 우주선이건 다들 잘 마셔줄 것을 알지만 좀 더 예쁘고 맛있는 것을 주고 싶은 마음에 그런 것 같다.

어느덧 3년이라는 시간이 훌쩍 흘렀다. 그사이 카페는 다양한 음료를 개발했고, 커피와 함께 즐길 수 있는 맛있는 디저트도 런칭했다. 디저트는 스콘류와 케잌류로 나뉘는데, 이 또한 공동체원이 정성스럽게 직접 만들어 판매한다. 스콘은 고등학교 교사로 일하는 공동체원이 틈틈이 만들어 제공하는데 '정스콘'이라는 브랜드 이름도 붙었다. 케이크는 공동체 내 대안학교 교사로 일하는 공동체원이 몇 년 전부터 퇴근 후 틈틈이 케이크나 쿠키류, 잼 들을 만들어오다가 카페가 오픈하면서 '달달캣'이라는 이름으로 카페에도 상시로 케이크를 제공한다. 좋은 재료로 정성들여 만들어서 웬만한 제과점 이상으로 맛이 좋아 진열되는 대로 금세 다 소진된다. 정스콘과 달달캣이 입점하면서 카페는 더욱 풍성하고 인기 있는 공간이 되었다. 얼마 전부터는 카페지기들이 바리스타 일을 하는 공동체원에게 커피 심화 과정을 배우고 있다. 커피 알갱이 크기와 압력들이 어떻게 커피 맛에 영향을 미치는지 조건 값을 바꾸어가며 실험하고 있다. 마치 과학실험을 하는 것 같고 흥미롭다.

인생은 끝없는 배움의 길이다. 배움에서 느끼는 즐거움은 삶의 활력소이고 생각을 확장할 기회를 준다. 돈 벌고 쉬는 생활에만 머물러 있을 때는 우물 안 개구리가 되는 것 같았는데 커피를 배우니 좋다. 공동체원과 소통할 수 있는 공간에서 배움으로 행복이 배가 되는 것 같다. 퇴근 후 일하는 참새 방앗간은 한 번 더 사람들을 볼 수 있는 최적의 장소다.

\# 바리스타 세범은 퇴근 후 카페지기들에게 핸드드립 교육을 한다.
공동체원 누구라도 원하면 조건 없이 가르쳐준다.

\# 카페지기 봉엽이 음료를 계량하고 있다. 카페지기를 자원한 공동체원은
일주일에 자신이 가능한 시간대에 카페를 열고 커피와 음료를 만들어준다.

라곰

게스트하우스에 오신 걸 환영합니다

은공1호에는 게스트하우스가 있다. 게스트하우스는 공동체 식구들이 관계 맺고 있는 이웃들이나 공동체 식구들의 친구 혹은 혈연가족이 방문할 때 머물 공간으로 만들어졌다. 은공1호는 공동체원들이 모든 방을 꽉 채워 입주한 데다 개인공간의 크기를 최소화했기에 가족이나 친구들이 왔을 때 방에서 함께 지낼 수 있는 구조가 아니다. 이런 상황 등을 고려해 1층 카페 옆 공간에 게스트하우스가 자리 잡았다.

자식들이 마련한 새 보금자리가 궁금해 찾아오는 부모님들, 언니와 오빠, 형, 누나가 어떻게 살고 있는지 보고 싶어 찾아온 형제자매들, 친구가 좀 다르게 살고 있다는데 어떤 곳인지 궁금해 찾아오는 친구들,

그 친구의 친구들, 그 지인의 지인들까지, 넘치게 많지는 않았지만 매주 끊이지 않고 게스트하우스를 찾는 사람들이 있었다.

이곳에 머물렀던 사람들이 다 기억나진 않지만, 그 가운데 맘에 많이 남았던 사람들이 있다. 몸이 아팠거나 마음이 아팠던 사람들이다. 이분들은 꽤 오랜 시간 머물다 가셨다. 게스트하우스 거실 창으로 바라보이는 소나무 숲과 텃밭을 보며 안정감을 느끼고, 오가며 만나는 사람들속에서 따뜻함을 느꼈다고 하셨다. 삼삼오오 모여 재잘거리는 모습이나 같이 무언가를 하는 모습만 봐도 좋았다고 하셨다. 가끔 들여다보며 격

방문 손님들을 위한 게스트하우스.
공동체원의 가족과 지인부터 은공1호가 궁금한 사람들까지 방문자들은 다양하다.

라곰에 머물다 가신 분들이 마음을 담아 방명록을 남겨주셨다.
내 부모님이, 내 친구가 다녀간 듯 친숙한 느낌이다.
같이 살진 않지만 또 다른 가족이 생긴 것 같다.

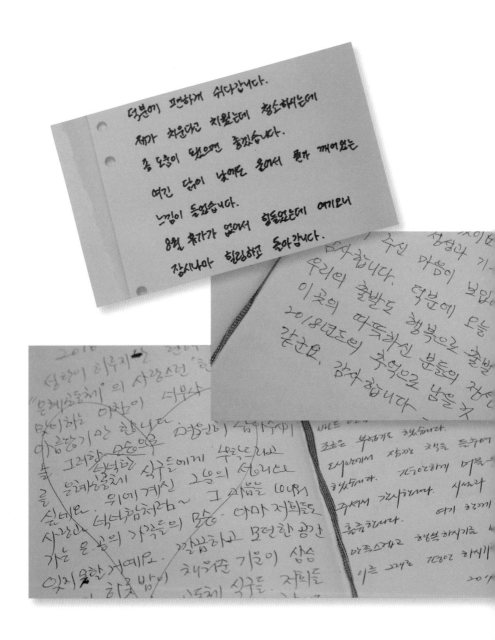

정의 말을 건네고, 웃음으로 인사하며 안부를 물어오는 것만으로도 기분이 좋아진다고도 하셨다. 우리 또한 조금씩 편안해지는 손님들 표정과 편안한 쉼의 시간을 보내는 모습에서 뭐라 설명하기 어려운 벅참을 느꼈던 것 같다. 손님들이 이곳에서 마음이 채워지는 만큼 가까운 거리에서 그 마음을 느끼는 공동체 또한 마음이 그득하게 채워졌다.

입주 초반에는 주로 지인들이 게스트하우스를 방문했다면, 이후에는 은공1호 주택을 궁금해하는 외부 사람들이 찾기 시작했다. 공유주택 체험을 하고 싶은 사람들이 여러 날 머물다 가기도 했다. 게스트하우스는 점점 외부 사람들과의 연결고리이자 소통의 고리가 되었다. 공동체를 알고 싶은 사람들이 공동체와의 거리를 좁혀 가까이서 경험할 수 있는 곳. 그렇게 소통이 시작되는 곳이 바로 게스트하우스다. 손님들에게 게스트하우스가 공동체를 가까이서 느낄 수 있게 하는 공간이라면,

2019. 10. 3.

태풍이 지나갔네요.
어제의 아름다운 자연과 포근한 밤들.
따뜻한 인사와 배려들.
고맙습니다.
힘든 마음이었는데 곱게 치유되어 갑니다.
고맙습니다.
— 반능단 드림 —

이곳에 거주하는 사람들에게 게스트하우스는 신비감이 느껴지는 공간이다. 뭔가 멀지도 가깝지도 않은 어느 지점인 것 같다.

나는 은공1호 입주가 늦었다. 입주하지 않은 1년여를 이 부족 저 부족 옮겨 다니며 더부살이를 했다. 언제나 내 몸 하나 뉘일 공간은 허락됐다. 지정된 어느 한 공간이 아니라 어디든 가서 잘 수 있다는 것이 또 하나의 재미가 되었지만, 아이들 둘과 나의 기본적인 짐을 편히 두고 싶다거나 막 퍼질러 쉬고 싶은 어느 날은 '오늘은 게스트하우스를 빌려 잘까?'라는 생각이 들기도 했다. 게스트하우스에서 잔다고 생각하면 안락함, 평온함, 여행지에 온 기분, 대접받는 기분 등등의 설레는 마음이 올라왔다. 그래서 종종 게스트하우스에서 살면 어떨지를 그려보기도 했다.

이렇게 유목민처럼 생활하던 어느 날 누군가 "게스트하우스를 장기 임대해서 지내는 것은 어때?"라고 제안했다. 평소 게스트하우스에 대해 느끼는 감정이라면 '오, 그게 가능하면 너무 좋겠다.'라는 마음이 들어야 할 것 같은데 실제로는 전혀 그렇지가 않았다. 이 말을 듣고 들었던 감정은 '응? 그럴 바에야 그냥 집으로 가는 게 낫지. 어차피 떨어져 있는 건데….'라는 분리감이었다. 게스트하우스에서 산다고 생각하니 나 홀로 외딴곳에 뚝 떨어진 것 같은 느낌이었다. 게스트하우스를 떠올리며 가진 평온함, 따뜻함이 아니라 외로움이 느껴졌다. 같은 건물 내에 있는 공간에서 그것도 무척 좋아하는 공간에 실제로 거주한다고 생각했을 때 분리감이 느껴지는 것이 적잖이 당황스러웠다. 왜 이런 마음이 들었을까.

아마도 외부에서만 살다가 이런 제안을 받았다면 매우 반가웠을 것이다. 하지만 부족 공간에 살다시피 하다가 이런 제안을 받으니 부족에서 떨어져 나가는 느낌을 받았던 것 같다. 외부에서 이 공간으로 오는 것은 공동체에 가까워지는 것이지만, 부족생활을 하다가 이곳으로 오는 것은 달랐다. 같은 층에 사는 다른 가족이 없고, 방문을 열고 나왔을 때 사람들이 머무는 공간이 아니라 사람들이 지나쳐 가는 복도를 마주하게 된다는 사실이 큰 분리감으로 다가왔던 것이다.

이 마음을 느끼고 나니 공동체 체험을 하고 싶어 찾아오는 사람들이 게스트하우스에서만 머무는 것이 마음 쓰였다. 휴양지에 온 것처럼 평온함을 느끼는 쉼이 될 순 있겠지만, '우리 삶을 충분히 느낄 수 있을까?' 하는 걱정이 들었다. 나는 생활공간에 언제 어디서나 사람이 있는 것이 좋다. 방에서 혼자 쉬고 싶을 때가 없지 않지만, 아주 가끔 있는 일이다. 방에 누워 거실에서 들리는 이야기 소리를 듣는 것도, 분주히 출근 준비하는 사람들의 소리에 깨는 것도 같이 사는 좋은 맛 가운데 하나다. 또 오가는 사람들과 눈 마주치며 인사하며 따뜻함을 느낀다. 게스트하우스에만 머물면 내가 느끼는 이런 은공1호의 맛을 충분히 느끼기 어려울 것 같았다.

기쁘게도 지금은 공동체 체험을 하고 싶어 하는 사람들이 오면 게스트하우스에 머물지 않고 부족 공간 내에서 함께 생활하는 것으로 시스템이 바뀌었다. 2019년 5~6월경 〈SBS 스페셜〉 '간헐적 가족' 촬영 때 공유주택을 체험하기 위해 부족에서 일주일 머문 친구가 있었는데, 이 경험이 서로에게 너무 좋았기 때문이다.

여전히 게스트하우스는 바쁘다. 쉬고 싶은 사람들, 서울을 벗어나지 않고 가까이에서 여행 기분을 느끼고 싶어 하는 사람들, 그리고 특별한 시간을 보내고 싶어 하는 공동체 사람들이 게스트하우스를 찾는다. 방문한 모든 이들은 다시 찾아오고 싶어 한다.

1년 전 은공1호 모든 공간에 이름을 붙였다. 게스트하우스의 새 이름은 '라곰(Lagom)'이다. 스웨덴어로 '적당한' '충분한' '딱 알맞은'이라는 뜻인데, 소박하고 균형 잡힌 생활과 공동체와 조화를 중시하는 삶의 지향을 담고 있다. 공동체적 삶을 사랑하고 중요하게 여기는 사람들이 사는 곳에, 이런 삶이 궁금한 사람들이 찾아와 머물며 천천히 소통하며 서로 조화를 이루어가는 공간이라는 측면에서, 참 잘 지어진 이름 같다.

게스트하우스에 머문 손님들은 고맙다는 마음 표현과 함께 머무는 사람이 편안하도록 공간 곳곳에 깃든 정성과 마음이 느껴진다고 얘기해주신다. 공간을 채운 소품부터 가구 배치와 관리까지, 머무는 사람의 필요가 채워지도록 노력한 우리의 마음이 전해진 것 같아 그 말을 들을 때마다 기분이 좋다.

언제나 열려 있는 게스트하우스 라곰, 여러분을 환영합니다!

3

2층

성장과 성숙이 자라는 가지

새벽북카페

모두의 서재

'새벽북카페'는 4부족 거실의 이름이다. 4부족의 구성원인 싱글여성들은 공간 콘셉트 회의에서 조용하고 차분한 북카페가 꾸며지길 원했다. 모든 세대원들의 책을 북카페에 두기로 했다. 이곳에 들어올 책을 정리할 담당자를 정한 뒤 담당자는 입주자들이 가진 모든 책 목록을 받았다. 선별된 책을 소설과 비소설로 분류해 소설은 3층 별빛책방으로, 비소설은 2층 새벽북카페에 비치했다.

나는 북카페의 책지기를 맡았다. 제일 처음 책장에 책을 배치하는 임무가 주어졌는데, 어떤 기준으로 어디에 꽂아야 보기도 좋고 찾기도 쉬울지 그다지 책을 가까이하지 않던 나에겐 어려운 일이었다. 하지만 디자인 담당자의 도움을 받아 비슷한 주제별로 책을 모으고, 커버 색이 서로 조화롭도록 배치했다. 꽤 오랜 시간이 걸렸지만, 매우 뿌듯한 작업이었다. 책장에 책이 모두 꽂히니 북카페 이름에 어울리는 분위기가 풍겼다. 책장 나무들이 주는 포근함과 책들이 주는 차분한 느낌이 만나, 이곳에 앉아 있으면 모든 것이 괜찮아질 것만 같은 평안함과 머릿속 복잡한 생각들이 다 정리될 것 같은 느낌이다.

다음으로 맡은 임무는 책 대여 관리다. 책을 빌리는 사람은 내게 책 이름을 메시지로 보내고 반납 후 한 번 더 확인 메시지를 보낸다. 이렇게 메시지를 주고받다 보면 소소한 소통이 일어난다. 어느 기간 유난히 책을 많이 빌려 읽는 친구가 있었다. 오가다 이 친구를 만나면 독서왕이라 부르며 인사하고 요즘 책을 많이 읽게 되는 이유라든지, 빌려간 책은 어떤 내용인지, 그 책을 다른 사람들에게 추천할 만한지 등을 묻는다. 책지기를 하지 않으면 잘 알지 못했을 일상의 작은 이야기를 듣는다. 누구든 빌릴 때 한 번, 반납할 때 한 번은 꼭 얘기하게 돼서 잠시 한마디라도 하게 되니 참 좋다. 이 일에 점점 정이 붙는다.

부빙가 테이블에 앉아 책도 읽고, 공부도 하고, 도란도란 얘기도 나눌 수 있는 분위기가 4부족 사람들에겐 참 잘 어울리는 것 같다. 이런 차분한 분위기를 위해 은공1호 건물 중 유일하게 아이들의 출입을 제한한 곳이기도 하다. 그렇다고 늘 정숙한 분위기만 있는 것은 아니다. 책과 상관없이 많은 사람이 오가며 시끌벅적한 시간도 많다. 한 상 차려 나눠 먹기도 하고 다양한 모임을 갖기도 한다. 이런 모습을 보며 활력을 얻는다.

4부족에서 잠깐 생활을 할 때 방문을 열고 나오면 처음 마주하는 곳이 새벽북카페였다. 책지기로서도 이 공간은 내게 특별하지만 거주하는 공간으로서도 특별했다. 개인공간에서 나가 마주하던 첫 공유공간, 책 내음이 나고 차분하고 안정적인 이 공간이 나를 포근히 안아주는 듯했다. 이런 느낌이 들 때면 함께 산다고 했을 때, 그리고 개인 방 이외 모든 것을 공유한다고 했을 때 가장 먼저 '불편함'이 떠오른 것이 부끄러워진다. 샤워한 뒤 다 챙겨 입고 나와야 한다는 불편함이었는데, 이런 작은 불편함으로 은공1호 주택 콘셉트를 대환영하지 못했던 것이 민망할 만

책장을 꽉 채운 후지만 사람들이 책을 기부하면
책지기 윤미가 그 책이 들어갈 자리를 마련해 정성스럽게 꽂는다.
누구의 손에 들어가 읽히게 될지 책을 정리할 때 마다 설렌다.

큼 지금 이곳에서 누리는 기쁨이 크다. 불편함은 먼지처럼 작아졌고, 행복감은 시간이 지날수록 커져간다. 새벽북카페에 앉아 이 글을 쓰고 있는 이 순간, 이런 곳에 내가 살 수 있다는 사실이 감동스럽게 느껴진다. 함께 산다는 것, 공유한다는 것, 소통한다는 것, 이 모든 것을 이루고 살 수 있는 이곳이 나는 참 좋다.

새벽공부방

함께하는 공간 속 나만의 작업실

4부족에는 공동체원 모두를 위한 특별한 공간이 있다. 4부족에 들어오자마자 왼편 첫 번째 방에 자리한 '새벽공부방'이다. 공간 회의를 할 때 4부족원 중 몇몇이 집중하여 공부나 일을 할 수 있는 독립된 공간을 원했다. 부족원 대다수는 작업실의 필요가 크지 않았지만, 일부 구성원의 필요에 흔쾌히 응해주었다

공부방은 오랜 시간 머물러도 답답하지 않다. 한쪽 벽면이 통창으로 탁 트여 있기 때문이다. 그리고 책상 4개, 의자 4개, 공용 컴퓨터 1대, 컬러 복합기 1대, 흑백 프린터 1대, 수납장이 구비되어 있다. 여러 비품을 구비하기까지 많은 우여곡절이 있었다. 4부족 분위기와 어울리는 프

린터를 사기 위해 프린터만 총 세 번을 바꾸었고, 시계, 디퓨저를 고를 때도 신중을 기하느라 반년 이상이 걸렸을 정도다. A4 용지, 프린터 잉크 등 비품은 공동체 비용으로 구입하고 공동체원 누구나 무료로 사용한다. 처음부터 정한 것은 아니었지만 비품 관리는 공부방을 자주 이용하는 내가 담당하고 있다.

좋은 작업 환경을 위해 우리가 만든 규칙은 서로 인사를 나누는 정도 이상의 긴 대화와 전화 통화는 금지다. 일반 독서실과 비슷하다고 보면 된다. 조용하게 집중할 수 있는 공간이어서 최초 필요하다고 말했던

왁자지껄 놀다가도 공부나 업무에 집중해야 할 때는 이곳을 이용한다.
집 안에 스터디카페가 있는 것과 같다.
새벽까지 불이 켜 있는 날이 많아 새벽공부방이라 불린다.

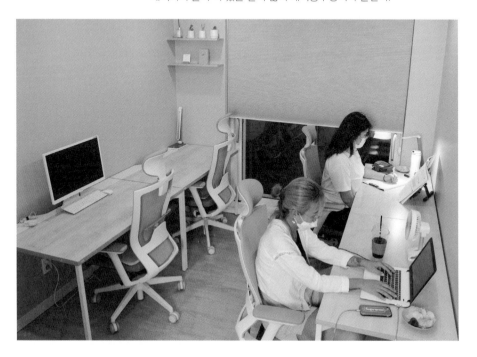

부족원들뿐만 아니라 여러 공동체원에게 인기가 좋다. 박사 과정에 있는 대학원생, 수능을 준비하는 청소년, 책을 좋아하는 사람들, 그 밖에 공부 혹은 작업을 해야 하는 공동체원들이 이곳을 자주 이용한다. 이들 중 거의 매일같이 보는 사람들끼리는 시간이 지날수록 서로에게 묘한 동지애가 생겨 누군가 며칠 동안 보이지 않다가 등장하는 날에는 환호성을 터뜨리기도 한다. 나는 작가, 박사 과정 대학원생과 비슷한 시간에 작업하는 경우가 많은데, 우리는 '공부방 걸그룹'이라며 한바탕 웃기도 하고 잠깐의 짧은 대화로 안부를 묻는다.

새벽공부방은 입시를 준비하는 청소년들에게는 새벽까지 공부할 수 있는 편안하고 안전한 공간이면서 친구들과 함께 공부하며 서로 모르는 것을 물어볼 수도 있고, 이모 삼촌에게도 언제든 질문이 가능한 최적의 공간이다. 비좁고 답답한 독서실을 돈을 내고 다닐 필요 없이 탁 트인 환경에서 이들이 학업에 매진할 수 있는 공간을 만들었다는 것은 공동체원 모두에게 뿌듯한 일이기도 하다. 공부방에서 밝게 건네는 인사와 서로에게 보내는 응원은 각자의 시간을 활력 있게 만드는 요소이자, 에너지의 원천이 된다.

아침살롱

어른들의 시간

2부족 거실은 콘셉트를 정하고 가구를 선정하고 배치하는 작업이 쉽지 않았고 고민이 많았다. 최초 소파와 8인용 원목 식탁 테이블 조합에서 원형 테이블과 타원형 식탁 테이블 조합을 거쳐 지금의 원형 테이블과 대리석 테이블 조합으로 최종 결정되었다. 아이들도 쉽게 이용할 수 있는 낮은 높이의 붙박이형 긴 의자를 큰 창을 마주 보는 넓은 벽에 배치했다. 그 의자와 세트로 대리석 테이블 세 개를 두었고, 맞은편에는 화이트 톤 의자를 비치했다. 넓은 창 앞에는 거실의 화이트 톤과 어우러지는 하얀색 원형 테이블을 배치하였고, 회전이 가능한 하얀색과 파란색의 개별 소파를 각 두 개씩 두었다. 바닥에는 원형 테이블과 어울리는 원형 카펫을 깔아 아늑함과 편안함을 주었다.

거실 가구 배치에 있어 하이라이트는 건물을 설계한 건축사님 추천으로 설치하게 된 대형 스탠드다. 높이가 2미터가 넘고 총 길이가 3미터가 넘을 정도로 대형이지만, 디자인과 색감 그리고 불빛이 전혀 위화감이 없고 거실 분위기를 한층 아름답게 만들어준다. 특히 정적이 머무는 늦은 밤, 모든 조명을 끄고 스탠드 하나만 켜면 따뜻함과 함께 고급스러움이 가득하다. 이 불빛 아래에서는 무엇을 해도 사치가 된다. 책을 읽고자 하면 분위기 있는 나만의 도서관에 앉아 있는 기분이 들고, 음악을 틀고 술 한잔을 기울이다 보면 멋진 재즈바에 온 것만 같다. 가볍게 준비한 음식도 훌륭한 레스토랑에서 식사하는 기분을 느끼게 해준다.

아이들이 등교한 낮에는 한적한 여유가 흐른다. 큰 창 너머로 보이는 도봉산, 또 다른 큰 창으로 보이는 작은 정원과 앞집의 텃밭이 서울에서 누리기 힘든 정취를 선물한다. 창밖에서 들려오는 새소리를 배경으로 커피를 마시고 있으면 여느 카페 부럽지 않은 시간과 공간을 가진 느낌이다. 아이들은 밤 11시가 되면 잠자리에 든다. 이후 거실은 어른들만의 공간이 되어 활력이 더 맴돈다. 밤 11시가 결코 이른 시간이라 할 수 없겠지만 어른들은 또 다른 하루를 시작한다. 일을 마치고 집에 돌아오면 새로운 하루가 시작되는 기분이 든다는 것이 함께 모여 살면서 달라진 점이다. 함께 늦은 식사를 하기도 하고 때론 술잔을 기울이기도 하며, 하루 일과를 대화로 나누고 서로의 기쁨과 걱정을 듣는다.

공동체원들이 해외여행을 다녀올 때면 맛좋은 싱글몰트 위스키나

아이들이 잠든 금요일 밤 몇몇이 모여 불금을 즐긴다.
둥근 테이블에 한 가지 안주, 한 병의 술이 놓인다.
취하기 위해서가 아니라 행복을 나누고자 잔을 기울인다.

해외에서만 맛볼 수 있는 독특한 주류를 구매해서 공동체에 선물하는 문화가 있다. 덕분에 공동체원들은 그 나라에 가보지 않고도 각국의 술을 맛볼 수 있다. 그렇게 사온 술은 2부족 거실 진열장에 보관하고 있는데, 그 수만 해도 종류를 달리하여 15병 정도가 있다. 물론 누구나 편하게 이용할 수 있다. 다만 다른 사람들도 맛을 보아야 해서 양에는 제한을 두기도 한다.

지난 명절에는 윤미가 부산 친정집에서 아버지의 고급 양주 한 병을 가지고 왔다. 작년에는 코냑을 가지고 와서 맛을 보았는데 이번에는 위스키 가운데서도 맛과 향이 으뜸이라는 술을 가져온 것이다. 귀한 술을 함께 사는 가족들과 맛보라고 흔쾌히 내어주신 아버님께도 감사하지만, 함께 사는 우리와 맛보고 싶어 호시탐탐 진열장을 바라봤을 윤미의 마음이 느껴지니 고마운 마음이 든다.

어른들만 누릴 수 있는 술 한잔의 여유와, 삶과 마음을 나눌 수 있는 공간의 풍요로움을 누리며 오늘도 늦은 밤 대화는 시간을 잊고 계속된다. 나는 이 공간과 시간을 사랑한다.

사이정원

시크릿 가든

은공1호에 들어오기 전 나는 남편과 아들 둘과 살았다. 아들 둘이 어린이집을 다니게 되면서 차츰 한가로이 보낼 수 있는 시간이 생겼다. 두 아들의 왁자지껄함으로 온 집 안이 늘 들썩거렸는데 오랜만에 한적한 시간이 찾아오니 반가운 한편 다소 적막하게도 느껴졌다. 그러자 집 안에 생명의 활기를 불어넣고 싶은 욕구가 생겼다. '음, 물고기를 한번 키워볼까?' 바로 실행에 옮겼다.

순조롭게 함께할 수 있을 것 같은 구피, 야마토 새우, 블루가재를 새 식구로 맞았다. 강물에서 서식했다면 좁은 어항에서 답답하게 갇혀 있지 않아도 될 텐데 하는 안쓰러운 마음도 없지 않았다. 하지만 투명한 어항 안을 유유자적하는 작은 생명체들을 보는 것이 좋았다. 물고기들 집을 예쁘게 꾸며주고 싶었다. 플라스틱으로 제작된 인조 수초가 딱히 마음에 들지 않아 미관과 수질 정화를 고려해 수생식물을 들여놓았다. 구피가 새끼를 낳고 새끼들이 자라나는 과정이 신기하고 놀라웠다.

　이에 못지않은 또 다른 기쁨은 화초를 키우며 식물들이 쑥쑥 자라는 모습, 앙증맞게 싹이 트는 자태를 보는 것이었다. 돋아나는 새 잎사귀는 푸릇푸릇 상큼하기 그지없는 연한 연두색 빛을 띠었다. 자연 그대로의 빛깔이 주는 안정감이 좋았다. 보들보들 맨질맨질한 새 잎사귀의 감촉은 마치 갓난아기의 속살처럼 느껴졌다. 보송보송한 아기 볼을 볼 때면 자꾸만 만지고 싶듯이, 갓 피어난 잎사귀에도 마음이 흘러 자꾸만 손이 갔다. 이렇게 시작된 화초와의 인연으로 어느새 단골이 되어버린 화분 가게에서 하나둘씩 모은 화분들이 베란다를 가득 채워 작은 정원을 이뤘다.

　아이들이 어린이집에 가고 나면 화초들을 만나는 시간이었다. 물을 좋아하는 화초는 듬뿍듬뿍, 물과 친하지 않은 화초는 흙의 상태를 봐서 조심스레 물을 줬다. 북향 응달인 집에서 조금이라도 햇빛을 보여주고 싶어 창가 가까이 최대한 햇볕을 쬘 수 있는 곳으로 옮겨주었다. 일조량이 충분하지 않아 짱짱하게 예뻤던 다육이들이 웃자라는 모습을 볼 때면 집의 방향이 안타깝기만 했다. 늘어나는 화분을 보며 남편은 조심스럽게 이제 그만 사도 될 것 같다고도 말했다. 몇몇 공동체원은 '화초 사랑'이라는 뜻으로 나를 '화초 자애'라고 부르곤 했다. 예쁜 호가 붙어 기분이 좋았다.

　은공1호에 입주하기로 결정하고 불필요한 많은 짐을 줄여나갔다. 냉장고, 장롱, 식탁 등에 전혀 미련이 가지 않았던 이유는 필시 같이 사는 삶이 안겨줄 더 큰 안정과 행복 때문이었다. 하지만 무생물과는 다르게 화초에게 느껴지는 마음은 같지 않았다. 하나하나 정성스레 키운 만큼 다 가져가고 싶었고, 상의 끝에 2부족과 4부족 사이에 있는 테라스를 화초들의 잠정적인 보금자리로 정했다.

　그러던 어느 날 테라스를 야생화정원으로 꾸며보라는 대표님의 제안을 받았다. 목수 일을 하는 제원이가 안골에 공방을 얻게 되었고, 그 맞은편에 취미로 야생화를 키우는 분(우리는 이분을 '야생화 이모'라고 부른다)이 계셨다. 일반 가정집에서 쉽게 접할 수 없는 야생화들이 가득한 그분의 정원을 보고 나도 대표님도 많이 놀랐다. 인심 후하시고 마음 따뜻한 이모님이 자신의 보물을 보여주듯이 해맑은 미소로 야생화를 소개하는 모습에서 야생화에 대한 깊은 사랑이 느껴졌다. 덕분에 야생화의 매력에 흠뻑 취해서 돌아왔다. 소박한 아름다움을 지닌 야생화에서부터 화려한 맵시를 뽐내는 야생화까지…. 정감 있는 이름이 주는 푸근함도 좋았다. 애기똥풀, 고산냉이, 노루오줌, 해오라비, 개망초…. '야생화 이모'를 만나고 와서 야생화정원 준비가 탄력을 받았다.

　테라스 공간과 야생화의 일치감을 위해 공동체 디자이너 미소가 함께하게 되었고, 평소 식물 가꾸기에 관심이 많던 미애B까지 야생화팀에 붙었다. 함께할 수 있는 멤버들이 생겨 든든하고 더 흥이 났다. 그리

추운 겨울을 이겨내고 싹을 틔우는 야생화를 보면 자연의 신비로움이 느껴진다.
사람이고 식물이고 정성을 기울이지 않으면 그 모습을 제대로 볼 수 없다.
자애는 사람을 가꾸듯 야생화를 가꾼다.

고 너무 감사하게도 이모님에게 우리가 원하는 야생화를 분양받았다. 20년을 넘게 애지중지 키워온 화초를 내어주시기도 했다. 시집보내고 싶지 않은 딸을 보내는 듯한 이모님의 마음이 느껴졌다. 그 마음을 알기에 더욱 소중하게 키워나가야겠다는 다짐을 절로 하게 되었다.

야생화 공간의 이름도 지어졌다. 은공1호 안 여러 공유공간의 이름을 짓는 팀이 꾸려졌기에 어떤 이름이 부여될까 기대되었다. 야생화가 몸담고 있는 정원이라는 이유로 단조롭게 '야생화 정원'으로 불렸는데, 4부족과 2부족 사이에 있는 공간이라는 이름을 부각해 '사이(4-2)정원'이라는 이름이 붙여졌다. 적절하고도 마음에 와닿는 이름이었다. 게다가 발음하기 편하고 기억하기 좋아서 이름이 무척 마음에 들었다. 4부족과 2부족을 오가는 사람들이 주로 이용하는 공간은 메인 통로이다. 이 통로 외에도 두 부족 간의 또 하나의 이동경로는 사이정원이다. 4부족과 2부족을 연결하는 정원에 있으면 두 부족 공간이 양쪽으로 훤히 들여다보인다. 물을 주거나 청소를 할 때면 유리창문 너머로 사람들의 모습이 보인다. 정원에 있는 나를 보고 반갑게 인사하는 사람들, 왁자지껄 이야기꽃을 피우는 사람들, 책을 읽으며 사색에 잠긴 사람들…. 사이정원에서 사람들과 연결되는 느낌을 자주 받곤 한다. 사이정원은 두 부족을 연결해주기도 하지만 사람들과 이어지기도 하는 공간이다.

날씨가 추워지면 야생화 대부분은 겨울잠에 든다. 간혹 겨울 한복판에 사이정원에 들르는 식구들 혹은 손님들은 말라붙은 잎사귀나 앙상한 가지를 보면 죽은 건지 물어보기도 한다. 따뜻한 봄, 다시 탄생할 준비를 위해 잠이 든 것이다. 오색패랭이는 꽃샘추위 속에서도 진분홍빛 꽃망울을 터뜨렸다. 이제 곧 봄이 온다. 화려한 이들, 단아한 이들, 앙증맞고 예쁜이들…. 새 단장을 하고 다시 찾아올 야생화를 생각하면 봄이 설렌다.

4

3층

어울림의 열매가 그득한 곳

한낮의 여유

내 집에 몰디브

은공1호의 인테리어는 세 명의 디자이너가 각각 특정 공간을 맡아, 그곳에 사는 부족원들 의견을 받아 진행했다. 나는 디자이너 가운데 한 사람으로 1부족 인테리어를 맡았다. 그래픽 디자이너로 인테리어 경험은 없었지만 언젠가 잡지에 나온 집들처럼 예쁘게 인테리어를 해보고 싶다는 로망이 있었기에 인테리어 초기에는 그저 개인적인 로망을 실현할 수 있다는 점에서 기대되었다. 1부족원들과 조율한 내용을 토대로 하나씩 디자인해갈수록 부족원들이 그 공간에서 의미 있는 시간을 보낼 것에 대한 기대가 더 커졌다.

대표님은 종종 "공유공간이야말로 최상의 품격을 갖춘 공간이어야 한다."는 말씀을 하셨다. 내 개인 방보다 너와 내가 함께하는 공간을 최고의 퀄리티로 만드는 것이 더불어 사는 데서 행복이 일어난다는 우리의 가치와 맞닿아 있다는 의미로 이해했다. 그리고 나는 그 말씀을 등대 삼아 1부족을 꾸며갔다.

본격 인테리어 디자인에 앞서 1부족 구성원들은 회의를 통해 '휴양지'를 콘셉트로 잡았다. 1부족원들은 이곳을 이용하는 누구나 이곳에서 쉼을 느끼길 원했고, 마치 동남아에 여행 온 것처럼 설렘과 나른함, 편안함을 누리는 공간이 되면 좋겠다고 했다. 이들의 콘셉트에 나는 '럭셔리 호텔'이란 단어를 얹었고, 우리의 콘셉트는 이렇게 '럭셔리 휴양지 호텔'로 완성되었다. 가성비보다는 그곳에 살 사람들의 삶의 질을 우위에 두고 설계해갔다. 공간이 현실화될수록 대표님의 지론이 맞다는 것을 눈으로 확인했다. 공유공간이 럭셔리하고 아름답다 보니 부족원들이 방보다 공유공간에 머물며 시간을 보냈다. 그곳에 교류와 대화와 활동이 생겨났다. 사람이 공간을 꾸미고, 그 공간이 관계를 만들어내는 모습이었다.

인테리어 조율 과정이 쉽지만은 않았다. 특히 심미성과 기능성의 충돌이 많았던 것 같다. 지금의 가구 배치가 나오기까지 실로 많은 안들이 엎치락뒤치락했다. 거실 가구 배치의 원안은 기능에 충실해 함께 밥먹을 수 있는 식탁과 편안하게 늘어질 수 있는 소파, 소파 테이블이 있는 구조였다. 이 안은 두 가지 필요를 모두 채울 수 있는 장점이 있었지만, 휴양지 공간이라는 콘셉트에 걸맞은 '시원하게 빠지는' 느낌은 줄 수 없었다. 오히려 공간이 작게 쪼개져 답답해 보일 우려가 들었다.

결국 늘어지게 쉴 수 있는 소파는 없지만 시원한 공간 느낌을 주는 부빙가 테이블이 거실의 중앙에 자리하게 되었다. 부빙가를 고를 때에는 수평선을 활용했다. 수평선은 공간을 넓게 보이게 하고, 평온한 느낌을 주기에 적합하다. 그래서 가장 길면서 내추럴한 모양의 부빙가를 골랐다. 다른 부족 부빙가에 비해 1부족 부빙가가 가장 길다.

다음으로 고민이 많았던 부분은 부빙가 테이블의 다리다. 내추럴하면서도 따뜻한 공간을 만들고 싶었기 때문에 철제다리가 아닌 나무로 다리를 만들고 싶었다. 하지만 보통 나무다리를 쓸 경우 내구성의 문제로 투박할뿐더러 테이블 하단 중앙을 막아 답답해 보일 수 있었다. 그래서 대표님과 또 다른 디자이너인 미소와 주리, 목수인 제원과 논의한 끝에 현실 가능한 범위 내에서 가장 시원하고 심플해 보이는 디자인으로 완성했다. 지금 설치된 다리가 내가 원했던 이상의 끝은 아니지만 많은 제약 상황을 감안하면 아주 만족스럽다.

'한낮의 여유' 공간의 인테리어 포인트는 '식물'이다. 자연과 가까운 휴식이라는 느낌을 주고 싶어서 식물이 인테리어의 주인공이 되도록 하고 싶었다. 그래서 120만 원에 상당하는 종려죽이 식구로 들어오게 되었다. 그 외에도 드라코, 셀럼, 박쥐란, 마지나타, 거베리 같은 동남아에서나 볼 수 있는 식물들을 다양하게 들여왔다. 이 많은 식물들을 돌봐주는 일도 도맡아 하고 있는데, 식물 엄마가 된 듯 새롭고도 즐거운 경험이다. 그 외에도 나무를 이용한 펜던트, 에스닉 무늬 러그, 스페인에서 가져온 듯한 무늬의 화장실 타일 등 여행 온 것 같은 느낌을 주려고 곳

긴 부빙가 테이블, 라탄 의자, 곳곳의 식물들 덕분에
1부족 거실(한낮의 여유)은 휴양지 느낌이 물씬 난다.

곳의 소품에 신경 썼다. 이렇게 휴양지 느낌이 점차 더해지자 누군가 "마치 몰디브 어느 호텔에 온 것 같다."라는 말을 했고, 그 이후 1부족은 별명처럼 '몰디브'라고 불려졌다.

하지만 '내 집의 몰디브'는 아직 완성이 아니며 완성해가는 중이다. 아마도 살아가는 동안 계속되지 않을까 생각한다. 우리 삶이 변화하는 만큼 그에 필요한 기능들도 변화하기 때문이다. 한 예로 처음 '한낮의 사랑방' 모습은 지금과 같은 소파 공간이 아니라 좌식테이블이 중심이

대화와 생각이 오가는 또 다른 공유공간 '한낮의 사랑방'.
달라지는 삶의 형태와 필요에 맞춰 지금의 모습이 되었다.

된 공간이었다. 이는 1부족원 누군가가 동남아 어느 좌식 카페를 연상
해서 낸 아이디어였다. 그러나 점차 좌식 생활이 불편해진 우리 몸은 변
화된 환경이 필요했고, 다양한 회의와 나눔이 더욱 풍성해진 은공1호
라이프 스타일은 소파나 의자 형태의 공간을 요구했기 때문이다. 이러
한 공간 변화에 대한 아이디어는 부족원들의 적극적인 의견에서 나오
는데, 이런 의견으로 더 활용도 높은 디자인으로 계속 성장 중에 있다.
때로는 이들이 디자인하는 것인지 내가 디자인하는 것인지 알 수 없을
만큼 많은 것을 배운다. 이 점이 은공1호 인테리어의 찐매력이다.

은공 1호 공간을 인테리어 하면서, 디자이너로서 원 없이 맘껏 최상의 제품들을 사보았다. 직장에서 디자이너로 일할 때는 가성비를 중시해야 해서 상품 선택에 제약이 많았는데, 미적 완성도만을 고려해 공간을 최상으로 꾸며보는 경험은 참 행복했다. 또 사용자 후기를 시시각각 보고 들을 기회를 가진 것 역시 큰 행운이라고 생각한다. 부족원들의 진솔한 의견을 들으며 겸손함을 배웠고, 다른 작업에서는 느끼기 어려운 깊은 보람과 뭉클함을 느꼈다. 앞으로도 끝없는 완성을 향해 쭉 일하고 싶다.

공용화장실

뷰티살롱

1부족 공용 화장실은 조금 특별하다. 샴푸대가 있기 때문이다. 이 특별한 공간이 생긴 데는 내 영향이 크다.

나는 대학 시절 미용예술을 전공했다. 졸업 후에는 화장품 회사에서 강사로 일하며 조금씩 지식을 쌓았다. 내가 맡았던 분야는 프로페셔널 헤어 파트였고, 제품을 잘 사용할 수 있는 방법을 담은 기술을 개발하고 교육하는 것이 직무였다. 그런 나의 전공을 살려 공동체원들에게 염색과 두피 마사지를 제공할 수 있었다. 소정의 금액을 받고 말이다. 사람들은 기대 이상으로 좋아해주었다. 그런데 약간 아쉬운 부분이 있었다. 염색한 뒤에나 두피 마사지 후에 미용실처럼 샴푸 서비스를 제공할 수 없어 셀프로 샴푸를 하고 나와야 하는 점이었다. 나는 사람들이 불편한 자세로 샴푸를 하는 것이 마음에 걸렸다. '마지막 샴푸까지 서비스해 줄 수 있으면 좋을 텐데…' 하는 생각이 들었다.

은공1호 건축 과정에서 1부족 공용화장실 콘셉트를 정할 때 샴푸대 생각이 났다. 사실 이 제안을 할 때 조심스러웠다. 공용화장실에 커다란 샴푸대가 들어가면 아무래도 샤워할 때 불편할 수 있기 때문이다. 다행히 부족원들은 내 제안을 흔쾌히 받아주었다. 노후에도 사용할 수 있고, 아프거나 다친 사람들을 위해 사용할 수 있다는 긍정적인 부분도 함께 고려해서다. 그렇게 1부족 화장실에는 샴푸대가 설치되었다.

내가 가장 많이 하는 시술은 염색과 두피 마사지다. 시술 횟수가 늘어날수록 사람들에게 좋은 것을 제공해주고 싶다는 생각이 점차 더해지며 관리단계도 늘어나기 시작했다. 가장 먼저 도입한 것은 음악이다. 자연의 소리나 피아노 연주곡들로 편안함을 더했다. 다음으로 추가된 것은 손 마사지다. 혈액순환을 위해 포터블 손 마사지기를 구매해 손도 조물조물 마사지해주었다. 세 번째는 얼굴 마사지였다. 두피에 스케일링을 하고 방치 시간을 두는 동안, 얼굴 각질 정리와 마사지를 해주면 좋겠다는 생각이 들었다. 네 번째로 마사지 후 얼굴에 마스크팩을 붙여주었다. 두피 마사지를 받는 동안 얼굴에도 영양이 듬뿍 갈 수 있게 말이다.

직무능력을 키우기 위해 배웠던 부분을 실생활에서 많은 사람에게 나눌 수 있다는 것은 행운이다. 사람들은 나에게 서비스 받는 것을 좋아하고 나도 그들에게 재능을 기부하며 행복감을 느낀다. 일하며 행

은공1호 화장실 중 가장 이색적인 공간. 미용 전문지식을 가진 혜영 덕분에
집에서 염색과 두피 관리를 받는 호사를 누린다. 마사지 받는 동안 나누는
즐거운 수다는 덤이다. 몸이 불편한 사람에게도 꼭 필요한 공간이다.

복감을 느끼는 사람들이 과연 몇이나 될까? 내가 그들을 얼마나 사랑하
는지, 또 나로 인해 사람들이 얼마나 더 행복해질 수 있을지 바라는 마
음의 크기는 점점 추가된 시술 과정으로 비춰볼 수 있다. 조금 후회되는
부분도 있다. 이렇게 쓰일 줄 알았다면 좀 더 열심히 배워놓을걸···. 오늘
도 기대되는 마음으로 사람들의 예약을 기다린다.

밤도깨비

안골 챔피언스리그

나는 축구를 좋아한다. 국가대표 경기뿐만 아니라 잉글랜드 프리미어리그, 스페인 프리메라리가처럼 유명하다 싶은 선수나 구단의 경기는 챙겨 보려고 애쓴다. 그리고 한 15년 전부터는 우연히 플레이스테이션 게임기를 통해 알게 된 축구게임을 사람들과 즐겨 하게 되었다. 현실감이 반영된 축구게임이라 더욱더 즐겼다.

오늘공동체에도 축구게임을 좋아하는 사람들이 많아 지금처럼 한 집을 이루기 전에도 플스방(플레이스테이션방)에 모여 게임을 즐겼다. 그때는 모두가 시간 여유가 있던 대학생 때라 한 번에 두세 시간씩 했다. 게임 자체도 즐거웠지만 친한 사람들과 소리도 지르고 함께 놀 수 있어 더욱 재미있었다. 그러다 한자검정능력시험 고득점 장학금으로 100만 원을 탔고, 그 돈으로 플레이스테이션 게임기를 구매했다. 그때부터 내 자취방에 모여 플스 게임을 했다. 이것이 우리의 플스 게임 시초다.

어느 날부턴가 게임을 함께 즐길 수 있는 시간이 사라졌다. 게임 멤버들이 군대에 가고, 각자의 가정이 생기고, 우리를 모아준 장소도 없어졌기 때문이다. 함께 게임을 한 즐거운 추억은 있지만, 모일 장소가 없다는 게 참 아쉬웠다. 그렇게 우리는 서로를 이어주던 하나의 끈을 잊고 살았다.

시간이 지나고 2017년 8월부터 도봉산 안골에 공유주택을 짓고 살게 되었다. 은공1호에는 텔레비전이 없다. 그래서 생각한 것이 3부족 거실 '밤도깨비'에 모두가 이용할 수 있는 빔프로젝터를 설치하는 것이었다. 거기서 영화나 지나간 텔레비전 프로그램 등등 누구나 보고 싶은 것을 본다. 빔프로젝터는 하나의 주제 아래 사람들을 모으고, 자연스럽게 공통의 활동과 친교가 이루어지게 했다. 공통의 활동 중 하나에 플레이스테이션을 활용한 축구게임이 들어간다. 누군가 게임을 할 수 있게 플레이스테이션을 기증했고, 또 다른 누군가가 "축구대회를 시작하자!"라고 운을 떼어 '안골 챔피언스리그'가 시작되었다. 그렇게 시작된 대회가 벌써 세 명의 우승자를 배출하며 역사를 써가고 있다.

'안골 챔피언스리그'는 다양하게 열린다. 1대1 대결이 기본이지만 2대2 팀을 구성하여 진행하기도 하고, 국가대표 또는 클럽팀을 골라서 열리기도 한다. 내가 주로 콘셉트를 정해서 진행하는데 되도록 참가하는 사람들이 지루하지 않도록 노력한다. 또 우리만의 약자 배려를 하기도 한다. 실력이 아직 부족한 사람들을 위해 먼저 강한 전력의 팀을 고를 수 있는 우선권을 준다. 재미를 주기 위해 최선을 다하는 것이다.

코로나19 전 월드컵을 진행했을 때는 열한 명이 참가했다. 실력이 부족한 공동체 멤버들에겐 포르투갈, 벨기에처럼 강팀을 고를 기회를 주었다. 공동체를 이어간 세월이 유구(?)하다 보니 공동체 2세들도 삼촌들과 함께 게임에 참가했다. 가끔 2세들에게 질 때도 있는데, 삼촌들이 조카들보다 실력에서 밀린다는 것을 인정하고 자존심 내려놓을 준비를 해야 할 날도 머지않은 것 같다.

평소에는 3부족 거실 밤도깨비에서 대회를 진행했다. 대회가 시작되면 사람들이 각자 시간에 맞춰 경기를 갖는다. 대회를 진행하다가 실력이 비슷한 사람들 간의 경기가 열리면 핫이슈가 돼 경기 시작 전부터 카톡방이 뜨겁다. 질 것 같은 멤버가 상급 실력자에게 상대에 최적화된 전술을 부탁하기도 한다. 경기가 시작되면 밤도깨비는 실제 월드컵 못지않은 열기로 가득하다. 결승전은 더욱 특별하게 진행된다. 공동체 멤버 전원이 모임을 하는 일요일 중간 쉬는 시간에 개최한다. 나도 그 무대에 선 적이 있는데 그렇게 떨릴 수가 없었다. 안 그래도 떨리는데 사람들의 응원과 환호는 더욱더 나를 흥분되게 했다.

대회 결과에 따른 시상도 화려하다. 1회 대회 때는 한 공동체원이 예상하지 못한 후원을 해주었다. 텀블러와 20만 원 상당의 상품권이었다. 이 자리를 빌려 그 공동체원에게 다시 한 번 고맙다는 말을 전하고 싶다. 그 이후 대회에서는 제과 회사에 다니는 공동체원으로부터 대형 과자 상자를 후원받기도 했고, 또 스포츠토토를 통해 마련된 소정의 금액으로 상품을 마련하기도 했다.

내가 대회를 기획하고 진행하고 있지만, 공동체원들에게 고마운 것은 일단 짜놓은 판에서 잘 놀아준다는 것이다. 나도 참가한 사람들이 지루하지 않도록 토너먼트나 리그, 국가대표나 클럽팀 등 여러 가지 방식을 연구하고 있다. 그래도 참가자들이 열정을 내주지 않으면 잘 굴러갈 수 없는데, 이 사람들은 판만 벌여놓으면 정말 잘 논다. 진행하는 나로서는 정말 신이 난다. 내가 참가자들을 재미있게 해주려고 하는 것인데 내가 오히려 즐거운 것 같다. 씨앗홀에서 결승전이라도 진행할 때면 모두가 진짜 월드컵이 벌어지는 것처럼 환호와 아쉬움을 표현하는데, 정말 흥미진진하다.

적극적으로 참가해주고 열심히 놀아주는 공동체원들이 있으니 앞으로 안골 챔피언스리그는 계속되지 않을까 싶다.

이루어GYM

나의 꿈이 이루어짐

    은공1호 3부족 발코니에 짐(gym)이 만들어졌다. 이름은 '이루어 gym'이다. 평소 운동에 관심이 있거나 다이어트, 몸만들기를 하려는 사람들이 이곳 짐(gym)에서 운동을 열심히 하면 목표가 이루어진다는 뜻으로 그런 이름이 붙여졌다.

    나는 초등학교 때 이후로 운동이라곤 관심도 없었고, 하는 운동을 꼽자면 팔굽혀펴기 10개가 전부였다. 처음 이루어gym이 생긴다고 들었을 땐 집에 운동기구들이 있다는 사실이 신기하긴 했다. 딱 그 정도였다. 마음이 끌리진 않았다. 초반에는 별로 사용하지 않았고 가끔 철봉에 매달려 장난치는 정도였다. 그러다 내가 다른 사람보다 근육이 빨리 붙는 편이라는 것을 알게 되었다. 그 사실을 알고 나니 운동에 관심이 생겼다. 혼자 유튜브를 보며 운동에 대해 연구했다. 여러 가지 동작, 자세, 효과 등을 공부하면서 제대로 운동을 시작했다. 운동선수였던 삼촌에게 PT 수업도 받았다. 공부를 좋아하지 않고 책상에 앉으면 금방 힘들어하는 내가 지속해서 뭔가에 재미를 느끼는 게 신선했다. 오랫동안 연구해도 지치지 않고 오히려 더욱 재미를 느끼면서부터는 사람마다 적성에 맞는 일이 따로 있다는 것을 체험했다.

이루어gym에는 여러 운동기구들이 있는데, 기본적으로 덤벨과 바벨이 있다. 덤벨은 3, 5, 10kg이 있고, 덤벨컬이나 덤벨로우 등으로 팔 운동을 할 수 있다. 바벨은 두 가지 종류며 하나는 일자, 다른 하나는 지그재그 모양이다. 가장 큰 풀업 바를 활용해 턱걸이를 하고, 바벨을 활용해 벤치프레스를 할 수 있다. 이 기구들은 헬스장에 가면 볼 수 있지만 가정집에서는 흔히 볼 수 없는 기구들이다. 맨몸운동을 할 때 기구를 사용하니 더욱더 재미있다.

고3 때까지 운동에 흥미를 갖고 꾸준히 하다 보니 미래 직업을 운동 쪽으로 정해도 재미있게 할 것 같다는 생각이 들었다. 나는 배드민턴이나 축구 같은 운동을 하기엔 운동신경이 좋지 않다. 그리고 내 나이에 이런 운동을 시작하여 대학을 가기에 너무 늦었다는 생각이 들었지만 헬스 트레이너는 할 수 있을 것 같았다.

이전까지는 하나를 정해서 그 길로 가야겠다고 생각해본 적이 없었다. 공부는 아예 관심이 없고 기껏해야 요리 정도였는데, 그 꿈도 정말

유진에게 또 다른 미래를 내다볼 창이 된 이루어gym.
이 공간을 꾸준히 찾는 누군가의 꿈도 이루어지는 공간이다.

진지하게 고민한 것이 아니라 그냥 요리하는 순간이 즐거워서 생각해
본 것이었다. 그렇기에 이번에 흥미가 생긴 헬스라는 분야가 나에게는
좀 더 의미 있게 다가왔고 더욱 열심히 하고 있다. 앞으로 이 길로 갈지
는 확실히 모르겠지만, 집에 이런 공간이 있어 미래 직업도 생각해보게
된 것 같다.

이곳에서 혹시 나의 꿈이 이루어gym!

별빛책방

나눌 수 있었기에 더 커진 공간

나는 연극하는 사람이었고, 배고팠다. 하루 세 끼 챙기기도 힘들던 내게 다른 사람들에게 무언가를 나눈다는 것은 먼 이야기였다. 주기보다 받기만 한 20대를 살았다.

2009년 극단 연우무대와 남산예술센터 공동기획으로 연극 〈길삼봉뎐〉이 막을 올렸다. 당시 연우무대 소속 배우로 활동하던 나는 이 공연에 참여했다. 연극판에 발을 들인 지 3년 차에 처음으로 하는 성인극이어서 기대감도 컸다. 아르바이트도 하지 않고 오직 공연 연습에만 집중했다. 대학 선배 집에서 신세를 지면서 극단에서 제공하는 점심과 선배들이 사주는 술과 안주로 주린 배를 채웠다. 석 달의 연습 동안엔 차

비가 없어 월드컵경기장에서 대학로 연습실까지 자전거로 출퇴근했다.

공연이 끝나고 소정의 공연비를 받았다. 나는 이 돈을 그동안 신세 진 사람들을 위해서는 쓰지 않고 바로 유흥비로 탕진했다. 다음 날 정신이 돌아오고 나니 함께 공연했던 사람들 얼굴 보기가 미안해졌고, 집에 왔을 땐 마음이 심히 허했다. 내가 쓰레기처럼 느껴지면서 자책감이 밀려왔다. 더 이상 이런 식으로 살면 안 되겠다는 생각이 들었고, 평범하고 소소하게 나누며 사는 오늘공동체원들의 밝은 모습이 부러워졌다. 그래서 나눔의 가치를 배울 수 있는 공동체학교에 들어가기로 했다. 목숨처럼 여겼던 연극이었지만 1년간 공연을 쉬기로 했다.

안정적인 수입이 없던 나는 공동체학교를 다니면서 소일거리로 용돈벌이를 했지만 넉넉한 생활은 아니었다. 그 기간 동안 당시 많은 공동체원들이 도움을 주었다. 아직도 기억 한편에 자리 잡은 것은 공동체원들이 나에게 밥을 사줬던 일이다. 공동체학교가 끝날 무렵 사람들에게 고마운 마음이 쌓였고, 그 마음이 넘쳐 나도 받고만 살지 말고 내 밥값은 하고 살아야겠다는 생각이 들었다. 그래서 돈벌이가 어려운 연극을 그만두고 목수라는 새로운 직업을 갖게 되었다.

30대가 되어 나눌 것이 조금 생기니 때론 밥을 사기도 했다. 그런데 나누기 싫은 마음이 드는 인색한 나를 순간순간 발견했다. 사람들이 사준 밥 한 끼는 내 마음에 따뜻함으로 남아 있었지만, 나는 다른 사람에게 쉽게 내 것을 주지 못했다. 공동체는 그런 나에게 늘 베풀어주며 나눔의 행복을 가르쳐주었다. 나눔의 가치를 극적으로 알려준 것은 공동체 전체가 떠난 태국 여행이다.

여행의 시작도 남달랐다. 해외여행을 자주 가는 사람도 있지만 여러 여건으로 한 번도 가지 못한 사람도 있었다. 그 점이 안타까워 공동체에서 전체가 가는 해외여행을 계획하였다. 당연하게도 수입이 넉넉지 않은 공동체원 몇몇은 여행비 마련이 쉽지 않았다. 어떻게 해결할까 고민하던 끝에 기부가 시작되었다. 작고 큰 기부금이 더해져 필요한 경비를 대고도 남을 만큼 모였다. 자기가 가진 것을 나누다 보니 소외되는 사람 없이 모두가 풍족하게 여행할 수 있게 된 것이다.

나에게는 공동체 모두와 함께한 태국 여행이 인생 최고의 여행이다. 정말 행복했다. 하지만 만약 돈이 없는 누군가를 서울에 두고 돈 있는 사람들끼리 여행을 다녀왔다면 아마도 공동체가 유지되기 어려웠을 수도 있겠다는 생각이 든다. 돈이 없어 여행을 포기해야 했을 사람들의 서러운 마음이, 나눔으로 인해 따뜻하고 황홀한 추억으로 바뀐 것이다. 나눔은 선택이 아니라 필수였다.

따뜻함을 나눈 공동체원들과 함께 살아갈 집 은공1호를 짓게 되었다. 은공1호에 입주하게 될 사람들은 건축사님과 건축사무소의 관련 스텝들과 여러 차례 회의를 했다. 건축사님은 설계도면을 가져와 1층부터 옥상까지의 플랜을 설명하면서 실제 거주할 사람들의 의견을 들었다. 나 역시 1부족의 멤버로 이 과정에 참여했다. 건축 관련 토론을 진행하면서 무엇보다도 공유공간에 힘을 실었다. 공유공간에 힘을 주자는 의견은 설계 이전부터 논의된 바지만 실제 설계 과정에 우리의 의견이 반영되어지는 것을 지켜보며 벅찬 희열을 느꼈다. 유럽 여행을 다니며 환경이 쾌적하다고 느끼는 이유는 그곳은 공공재에 투자가 많기 때문이다. 집을 다 짓고 난 뒤에는 더욱 와닿았지만, 당시에도 그 말이 공감되었다. 개인공간을 잘라 내어주고 공용공간을 넓히는 것은 가진 돈을 나누어 모두 함께 여행을 가는 것과 같은 것이었다. 나누어 함께 가는 여행이 황홀할 것이라는 데에는 의심의 여지가 없었다.

은공1호 설계도면에서 내 개인 방으로 배정된 지붕 아래 옥탑 공간은 천장이 낮은 대신 공간이 넓었다. 공동체 건물에서 가장 넓은 방이라는 생각이 들었다. 항상 나눔을 받던 처지의 내가, 함께 사는 공간에서 가장 넓은 공간을 차지한다면 살아가는 내내 편치 않을 것 같았다. 그러던 중에 공간 구조를 변경할 수 있는 기간이 있었다. 그때 나는 방을 한쪽으로 붙이고 공용공간을 조금 넓히는 것을 제안했고, 받아들여졌다. 작게나마 나눔을 실천할 수 있어서 기분이 좋았다. 결국 그 방은 공유공간으로 편입되었다.

내 방이 되었을 그 공간은 소설책과 만화책이 가득 채워진 공유다락방이 되었다. 《태백산맥》, 《삼국지》, 《레미제라블》 같은 장편소설을 비롯해 단편소설과 만화책이 있다. 책을 편안하게 읽을 수 있도록 쿠션과 매트도 갖춰져 있다. 독서보다는 쿠션에 의지해 쉬는 사람들도 많고, 종종 놀러 온 사람들이 잠을 청하기도 한다. 나중에 공동체원들이 이 1부족 다락방에 '별빛책방'이라는 이름을 지어주었다. 다락 한편에는 음악을 감상할 수 있는 공간이 마련되었다. LP와 턴테이블도 있어 아날로그 감성에 푹 젖어 클래식부터 록까지 다양한 음악에 심취할 수 있는 공간이다. '별빛책방'과 어깨동무한 이곳은 '별밤'이라고 이름 지어졌다.

공동체원들이 별빛책방에서 책을 보고, 별밤에서 음악을 듣거나 편히 쉬는 모습을 보면 속으로 미소 짓게 된다. 나는 이 공간을 자주 사용하지 않지만, 누군가 잘 활용하는 것을 보는 자체로 마음이 좋다. 나의 작은 나눔이 다시 내게 돌아온 격이다. 나눔을 몰랐던 내가 나누는 삶의 행복을 느끼며 살아가고 있다. 내게 소중한 배움을 주고 오늘도 나눔을 실천하는 공동체원들과 살아 감사하다.

별빛책방은 많은 이들이 사랑하는 공간이다. 아이들이 뒹굴거리며 노는 쉼터이자 소설과 만화를 좋아하는 이들에게 편안한 안식처가 된다.

별밤

밤하늘에 쏟아져 내리는 무수한 음악들

음악가 정명훈은 "음악이란 영혼의 소리, 본질 그 자체이다."라고 했다. 다락에 있는 '별밤'은 공동체 구성원에게 음악이라는 또 하나의 마음의 공간을 만들어주기 위해 은공1호 건물이 지어지고 얼마 지나지 않아서 생겼다. 공동체에서 운영에 필요한 비용을 지원하고, 나는 그 공간의 운영(오디오 관리나 앨범 구입 같은)을 맡고 있다. 가성비 좋은 앰프와 스피커, 아날로그의 색채를 더하는 턴테이블, 심플한 기능의 CD플레이어는 우리를 음악 앞으로 끌어다준다.

언제인가부터 음악은 감상의 주체에서 배경이 되었다. 오디오 앞에서 앨범 소개지를 펼쳐놓고 음악 감상에 몰입하던 시절은 지나가버렸다. 언제 어디에서나 '접속'해서 음악을 틀어놓고 다른 일에 몰두하는 BGM이 된 것이다. 그와 동시에 음악으로 투영되는 영혼의 울림들도 옅어지고 느린 삶이 주는 감성의 풍요도 사라졌다. 그 잃어버린 울림과 감성의 풍요를 되찾기 위해, 그리고 우리 마음의 쉼을 위하여 이 공간이 탄생했다.

별밤이라는 공간은 단순히 배경이 아닌 음악 본연의 소리로 가는 안내자 역할을 하는 곳이다. 나는 1~2주에 한 번씩 명반들을 구매해서, 공동체 구성원에게 공동체 단톡방에 짤막하게 소개하는 시간을 갖는다. 그렇게 소개가 끝난 음반은 다락방 한편에 마련된 작은 오디오 장의 앨범꽂이로 들어간다. 클래식, 재즈, 블루스, 록, 메탈 같은 장르들이 저마다의 이야기를 가지고 사람들에게 들려줄 준비를 한다. 오디오는 손쉬운 디지털 음원과 달리 음악을 듣기 위해선 불편한 과정을 거쳐야 한다. 그럼에도 오디오가 이 공간에 있는 이유는 아날로그 감성을 기반으로 느린 삶이 주는 여유 안에서만 느낄 수 있는 음악의 깊이를 전하기 위함이다.

음반을 장식장에서 꺼내서 자켓이나 케이스를 열고 턴테이블 또는 CD 플레이어의 구동축에 음반을 올려놓는 일련의 과정은, 가치 있는 음악을 가치 있게 듣기 위한 최소한의 노동이며 좋은 음질을 선사해줄 오디오에 대한 예의라고 하면 지나친 비약일까? 아날로그는 느리고 불편하다. 그 불편함이 내가 기꺼이 할애한 나의 시간과 공간에 녹아들어가 우리가 말하는 아날로그 감성을 만들어내는 게 아닐까 한다.

깊이 있는 음악은 삶의 본질을 향유하는 길을 안내하는 이정표와도 같다. 음악에 전부를 쏟아내는 아티스트들의 영혼을 만날 수도 있고, 그 음악이 흐르던 시대의 흐름을 느끼기도 하며, 우리 내면의 파편들을 만나기도 하고, 오랜 과거의 어느 시점에 음악을 들었던 과거의 나와 마주하기도 한다.

그런 많은 상념과 함께할 음악을 위한 공간이, 다락방이라는 우리의 감성을 자극할 아주 좋은 위치에 자리 잡고 있다. 나와 나의 감성이 인생의 희로애락과 마주하는 곳. 그곳이 여기 별밤이다.

일상에 지쳐 가만히 쉬고 싶을 때 별밤의 음악은 좋은 선택지 중 하나다.
운영자 재순이 엄선해 놓은 LP는 어떤 것을 들어도 만족스럽다.

달빛다락

두통이 사라졌다

나의 직업은 전자회로설계사다. 아들은 아빠 직업을 선 그리는 일
이라고 한다. 표현이 재밌기도 하고 틀린 말도 아니어서 종종 누군가 직
업을 물으면 선 그리는 일을 한다고 얘기하곤 한다. 생소한 직업이어서
설명해주기 어려울 때가 종종 있는데 좋은 대답 거리가 생긴 거다. 설계
일을 시작한 지 벌써 20년째다. 고등학교를 졸업하고 이 일을 시작하면
서 줄곧 나와 맞지 않는 직업이라는 생각을 해왔다.

안 맞는 직업이라고 생각했던 건 업무 특성상 일정에 대한 압박감
과 스트레스가 많아서였다. 촉박한 일정으로 회로 설계 업무가 시작되
면 정작 내 머리 회로는 일에만 파묻혀 일상이나 주위를 둘러볼 여유가

없었다. 업무에 시달릴 때면 스트레스성 두통을 달고 살았다. 은공1호 살이를 시작하기 전까지는 늘 그랬다. 이곳에 이사 와서도 여전히 많은 시간을 컴퓨터 앞에서 보내고 밤샘 작업을 할 때도 있지만, 적어도 일하면서 전과 같은 스트레스를 받지는 않는 것 같다. 잦았던 두통이 사라졌으니 말이다. 이런 변화가 생긴 이유를 생각해본 적이 있다.

나는 사람들과 한 공간에서 일하는 걸 좋아한다. 사람마다 다르겠지만 내 경우는 업무 집중도 면에서 더 효과적인 것 같다. 직장 생활을 하던 사회 초년생 때는 여러 사람이 모여서 일했었는데, 개인 사업을 시작하면서는 혼자서 일하는 시간이 많아졌다. 서울로 이사 오기 전 경기도에 살 때는 프리랜서 몇 명이 한 사무실을 공유하는 형태로 일했지만, 서울로 이사 오면서는 본격적으로 재택근무를 했다. 그즈음부터 두통이 더 심해졌다. 종일 방에 박혀 혼자 있는 시간이 많아졌다. 점심시간에 같이 식사하거나, 담배를 피우거나 커피 한잔 마실 때면 농담이라도 하면서 얘기할 사람이 필요했다. 전환이 필요할 때 함께할 사람이 없었다.

은공1호에는 나처럼 개인 작업공간이 필요한 사람을 위한 공간이 있다. 3부족에 속한 '달빛다락'이다. 일종의 공유 오피스 같은 곳이라고 보면 된다. 지금은 작곡하는 친구와 디자인하는 친구가 함께 사용하고 있고, 청소년들은 시험 기간 이곳에 와서 공부하기도 한다. 일하다가 잠시 이들과 소소한 대화를 하거나 간식을 나눠 먹는다. 또 작업실에 앉아 있으면 집에 있는 사람들 소리가 들린다. 일이 잘 풀리지 않으면 소리가 들리는 곳으로 가서 어울린다. 그러면 자연스럽게 기분전환이 된다. 물

전자회로설계사, 작곡하는 음악 선생님, 일러스트레이터, 북디자이너.
달빛다락의 구성원이다. 각자 작업을 하지만 서로에게 힘을 얻는다.
휴식이 필요할 땐 다다미에 누워 하늘을 바라본다.

론 너무 놀아서 일을 못 하는 경우도 있지만, 내게는 쉼이 되고 재충전
의 시간이다.

　풍경도 끝내준다. 한강을 조망할 수 있는 입지 좋은 어느 빌딩 못
잖게 뷰가 아름답다. 작업공간인 달빛다락이 은공1호에서 가장 높은 곳
에 있어 문밖을 나서면 바로 옥상과 연결되는데, 일하다 잠시 쉬고 싶을
때면 옥상으로 나간다. 옥상은 대도시 같지 않은 안골마을을 한눈에 볼

수 있으며, 서쪽으로는 도봉산, 동쪽으로는 수락산의 사계절 모습을 조망할 수 있는 환상적인 공간이다. 바라보는 자체만으로 쉼이 된다. 은공 1호의 스카이라운지 같은 작업실 중앙에는 다다미가 있어서 업무를 보다 잠시 누울 수도 있다. 다다미에 누우면 천창을 통해 하늘을 볼 수 있다. 일반주택에 살았다면 상상할 수도 없는 공간이다.

이곳에 입주하면서 작업공간을 어떻게 해야 할지 고민을 했다. 개인공간은 침대와 작은 장롱 하나로도 꽉 차서 도저히 방에 작업공간을 만들 수 없는 상황이었다. 대표님이 함께 고민해주셨고, 3부족원의 배려로 지금의 멋진 작업실을 도면에 넣었고 사용할 수 있게 되었다. 두통에 시달리던 내가 편한 마음으로 스트레스 없이 일할 환경이 생기다니 정말로 감사한 마음이 들었다. 사람들의 마음이 담긴 작업실을 소중히 사용해야겠다는 생각을 하게 된다.

5

옥상

사계절을 품은 힐링캠프

미소

옥상

삶을 누리는 풍요로움

은공1호에 입주 후 손님이 자주 왔다. 손님맞이 팀에 있는 나는 손님들이 방문하면 공간 곳곳을 안내하며 설명하곤 했다. 지하에서부터 공간을 설명하면서 올라가다 마지막 옥상에 도착하면 사람들의 탄성이 터져 나왔다. "와!!" 소리와 함께 "나 여기로 이사 와도 돼요?" "여기 남는 방 없나요?"라는 질문이 이어졌다.

초기 건축도면에 그려진 옥상은 지금과 같은 모습이 아니었다. 평평한 바닥 공간만 사용 가능했고 나머지 슬로프 부분은 모조리 지붕이었다. 우리는 그 지붕 공간도 돌아다닐 수 있게 데크를 깔기 원했다. 심지어 남쪽 지붕과 북쪽 지붕을 연결해서 데크를 깔고자 했다. 그렇게 되면 옥상이 어느 하나 막히는 공간 없이 순환할 수 있는 구조가 되어 모든 공간을 다 쓸 수 있게 된다. 우리는 옥상 공간도 에누리 없이 활용하고 싶었다.

건축사님과 소장님께서는 크게 반대하셨다. 원래 설계안에 지붕으로 계획했고, 데크를 깔면 당연히 사람들이 돌아다니는 공간이 되기에 난간 설치는 필수이기 때문이다. 난간까지 설치한다고 했을 땐 추가적인 보강 작업이 필요한 상황이어서 추가 비용이 발생하는 데다, 새로운 안으로 공사를 진행하려면 건물이나 구조에 무리가 없는지 다시 검토해야 했다. 한마디로 많이 번거로워질 상황이었다. 하지만 우리는 간곡히 두 분을 설득했고, 두 분은 감사하게도 우리의 바람을 이해하고 새로운 작업을 시작하셔서 여러 활동이 가능한 옥상으로 만들어주셨다.

옥상에 올라오자마자 아이들이 가장 먼저 하는 행동은 옥상 한 바퀴를 냅다 뛰는 것이다. 남쪽 슬로프에서 가장 높은 슬로프로 올라가 북쪽으로 내려가는 계단을 뛰어 내려오면 서쪽 데크에 도착한다. 아이들은 이런 식으로 옥상을 돌면서 달리기를 한다. 옥상에는 히노키탕도 있다. 추운 겨울밤 어른들은 노곤해지는 히노키탕에 몸을 담근다. 하루의 피로가 다 풀리는 듯하다. 여름에는 차가운 물을 받아놓고 아이들이 물놀이와 물총놀이를 한다. 나른한 오후에 사람들은 파라솔 아래 놓인 선

옥상 문을 열면 눈앞에 도봉산이 펼쳐져 있다.
옥상을 한 바퀴 돌면 반대편엔 수락산이 보인다.
마치 자연에 둘러싸인 느낌을 준다.

베드에 누워 잠이 들기도 한다. 북쪽에 있는 천막 공간에는 야외 소파가 있다. 낭만이 있는 청소년들은 그곳에 둘러앉아 기타를 치기도 하고, 수업도 한다. 심지어 옥상에서 텐트를 치고, 고기를 구워 먹고, 밤을 새워 놀며 텐트에서 자는 무리도 생겼다. 우리의 로망은 현실이 되었다. 옥상은 공동체 사람들이 서로 어울리고 휴식하는 공간으로 사랑받는다.

우리는 간혹 불안해서 많은 것을 누릴 기회를 스스로 박탈하기도 한다. 만약 아이들이 다칠 것이 불안해서 옥상의 반쪽 공간만 썼다면 반쪽 행복만 있었을 것이다. 실제로 아이들은 난간에 기대기보다는 뛰어다니기 바쁘다. 많은 사람의 우려와는 달리 위험한 상황은 발생하지 않았다. 우리가 경제적 효율만을 따졌다면 지금의 옥상은 없었을 것이다. 지붕으로 설계된 공간을 사용하겠다고 하면 두 배의 공사비가 들어간다. 설계에 없었던 것을 추가하는 순간 번거로움도 두 배가 된다. '어쩔 수 없는 거다.'라며 그냥 상황에 안주했다면 옥상에서 지금의 풍요로움을 누리지는 못했을 것이다.

우리는 효율보다는 삶의 질을 택했다. 불안을 넘어서니 풍요를 만났다. 유럽에 가면 이런 것을 느낄 때가 종종 있다. 벤치 하나, 가로등 하나에 세심함이 묻어난다. 벤치는 앉았을 때 가장 멋진 풍경을 볼 수 있는 곳에 설치되어 있다. 대충 아무 데나 두지 않는다. 가로등은 모던하게 딱 떨어지는 네모 등인데, 옆에 있는 나무들과 비슷한 색으로 칠해서 눈에 띄지 않으면서도 현대적이다. 유럽인들은 작은 것에도 효율보다는 삶의 질과 풍요로움에 초점을 맞춘 느낌이 든다. 반면 우리나라에서는 이런 풍요로움은 '가진 자들의 산물'이자 '사치'라는 단어와 연결돼 있다. 옥상에 스파를 두는 것, 선베드를 두는 것, 이런 것들은 사치이자 유난스러운 것으로 여겨지는 것이다.

　오늘 하루만 살 수 있다면, 나는 오늘 어떤 삶을 살겠는가? 날마다 이 질문을 생각하며 살면 우리의 선택은 달라질 것이다. 오늘의 내가 오늘의 우리가 행복한 순간은 어떤 모습일지 그려보자. 그러면 전혀 다른 공간이 우리 앞에 열릴 것이다.

프리야

은은함 속 다채로운 향을 지닌 홍차처럼

가루로 타 마시는 복숭아맛 아이스티만 마셔본 나였다. 예전에 어디선가 홍차를 한번 마셔보고는 이런 쓰고 떫은 차가 무슨 매력이 있어 사람들이 마시는 걸까 생각했다. 홍차의 '홍' 자도 모르던 내가 어느 날 홍차를 내리는 티소믈리에가 되었다. 은공1호 옥상 카페 공간이 차를 마시는 티룸으로 결정된 뒤 고상해 보이는 것을 좋아하는 내가 담당자로 추천받았다. 나는 정식으로 티소믈리에 교육을 받고 관련 자격증도 취득했다.

인테리어 공사가 끝나고 단장을 마친 티룸은 럭셔리하고 우아한 공간이 되어 있었다. 한쪽 통창으로는 수락산 능선이, 다른 쪽에 놓인 가로로 긴 파노라마 창으로는 도봉산 능선이 한눈에 들어오는데 그 풍경이 언제 봐도 예술이다. 정면에 자리한 옥상정원은 계절마다 다르게 피는 꽃과 나무가 조화를 이뤄 언제 봐도 질리지 않고 아름답다. 밤바람이 시원한 저녁이나 주말 오후에 햇살이 가득한 티룸에 앉아 여유롭게 시간을 보내고 있을 때면 어쩌다 이런 호사를 누리게 되었나 싶은 생각이 든다. 그럴 때면 문득 정신없이 살았던 과거 내 모습도 떠오른다.

나는 꽤 오랜 시간 온라인 마케터로 근무했다. 늘 트렌드를 읽어내며 새로운 프로젝트를 수행해야 했고, 이벤트나 행사를 앞둘 때면 일상은 거의 전쟁터나 다를 바 없었다. 저녁과 주말이 있는 삶이란 먼 세상 이야기였다. 어쩌다 일찍 퇴근하거나 주말 출근을 하지 않는 날이면 시체처럼 누워만 있고 싶어 했다. 그런데 동시에 하루를 그렇게 보내는 것이 너무 한심하다는 생각이 들어 마음 편히 뒹굴며 쉬지도 못했다. 딱히 뭔가를 하는 것도 제대로 쉬는 것도 아닌 애매한 상태로 시간을 보냈던 것 같다.

나름 알아줄 만한 회사에서 인정받으며 성취감을 채우고 사는 삶도 나쁘지는 않았다. 하지만 시간 여유가 없는 것도, 바쁜 업무에 치일수록 예민해지는 사람들에게 시달리는 것도 언젠가부터 힘들게 느껴지기 시작했다. 그러던 즈음 당시 만나던 남자친구의 소개로 공동체를 알게 되었다. 남자친구에게 방문 제안을 받았을 때만 해도 사실 그리 가보고 싶진 않았다. 하지만 남자친구가 중요하게 생각하는 인간관계인 것 같아서 의지를 냈다. 그런데 공동체에 온 첫날이 반전이었다. 꼬맹이들이 신기함과 호기심 가득한 눈망울로 올망졸망 내 주위를 둘러싼 채 말을 걸어왔다. 경계심이 스르르 열어졌다. 공동체 사람들은 밝지만 가볍지 않고 친절하지만 가식적이지 않아 편안했다.

그렇게 몇 년의 시간이 지나 나는 어느새 공동체 깊숙이 발을 들였고, 새로운 삶의 전환기를 맞이했다. 사람들과 관계하면서 드러나는 나의 내면 문제를 알아가고, 그런 문제들을 해결하며 성장해가는 과정에서 사람들은 친구이자 큰 버팀목이 되어주었다. 그 힘으로 하루하루 행복한 일상을 사는 사람이 되었다. 이제 공동체 사람들은 말할 수 없이 고맙고 소중한 존재다. 3년쯤 전부터는 공동체에서 운영하는 대안유치원 교사로 일하고 있다. 하루하루 소소한 일상 가운데 아이들 간의 사건 사고도 적지 않지만, 대부분은 행복한 시간을 보내는 아이들을 보며 나도 밝고 즐거운 에너지를 가득 받는다. 그리고 이 일이 끝나면 나의 또 다른 일과가 시작된다.

매일 저녁 6시 30분 대안유치원이 끝나면, 식당에서 맛있는 저녁을 먹은 뒤 티룸을 오픈한다. 티룸에는 꽤 많은 종류의 홍차가 준비돼 있다. 스트레이트 티와 블랜드 티, 가향 티, 아이스 티, 밀크 티 등 다양하다. 주문자가 원하는 티를 고르기도 하고, 내가 사람들 컨디션이나 기분에 어울리는 차를 추천하기도 한다. 밀크티를 제외한 모든 홍차는 맛과 향이 뛰어난 질 좋은 잎차를 선별해 들이고, 홍차 전용 티팟에 잎차를 직접 우려 내놓는다. 티백으로 만들어진 홍차라고 해서 질이 떨어지는 것은 결코 아니다. 좋은 차밭에서 자라나고 잘 발효시킨 질 좋은 홍차는 티백으로 우려 마셔도 그 맛과 향이 떨어지지 않는다. 다만 티백이 잎차보다는 점핑(찻잎이 뜨거운 물속에서 대류하며 움직이는 현상)효과가 덜하기에 약간의 향과 맛의 차이가 있을 수는 있다.

다기와 다구도, 인테리어를 담당하는 친구와 의논해 공간과 최대한 잘 어울리는 예쁘고 고급스러운 것들로 마련했다. 모두가 이용하는 공유공간은 아낌없이 질 좋고 보기에도 아름다운 것으로 채워 넣자는 우리 공유주택 모토에 따른 것이다. 결과는 두말할 것 없이 좋다. 질 좋은 차를 멋진 공간에서 고급스러운 찻잔에 따라 마시니 그 어떤 럭셔리한 티룸도 부럽지 않을 정도로 좋다.

편안한 소파에 앉아 잘 우려낸 차를 마시며 창밖을 바라만 봐도 휴식이 된다.
프리야는 혼자여도, 함께여도 좋은 찻집이자 뷰 맛집이다.

티룸에는 별도의 직원이 없다. 나를 포함해 총 다섯 명의 티룸지기가 있어 달마다 자기가 맡을 수 있는 일정을 공유하고 조율하여 매일 1~3시간을 돌아가며 운영한다. 시중 티룸에서는 1티팟에 8천~9천 원은 주어야 마실 수 있는 차를 프리야에서는 3천~5천 원에 즐길 수 있다. 차 판매금액에는 인건비와 재료비, 수익금이 포함되어 있다. 인건비는 그날 차를 내린 담당자의 급여로 지출되고, 수익금은 초기 세팅에 지원을 받았던 주택협동조합으로 환원한다.

예전에 홍차를 너무 모르고 마셨다는 걸 홍차를 배우면서 알게 되

었다. 어떤 땅에 심겨 자랐는지, 어떤 종자인지, 어떻게 발효하고 보관되었는지, 어떤 차를 블랜딩했는지에 따라 각기 다른 맛과 향이 난다. 풀향, 허브처럼 알싸한 향, 흙내음, 달달한 맥아향 등 다양한 차향을 느끼고 혀끝으로 은은한 맛을 음미하기 시작하니 '아, 사람들이 이래서 차를 마시는구나.' 이해하게 되었다. 떫고 쓴맛이 나면 맛없는 것 혹은 잘못 내린 것이라고 여겼는데, 내게 차를 가르쳐준 선생님은 그마저도 기분 좋게 떫고 쓴맛이 따로 있다고 알려주셨다. 이제는 새로 찻잎을 들이면 어떤 향과 맛을 낼까 싶어 설렌다.

나는 선입견과 편견이 심해서 어떤 사람의 한 면을 보고 그 사람 전체를 내 멋대로 규정하고 저울질하고 분류한 적이 많다. 그렇게 규정한 사람의 다른 면은 관심 가지려 하지 않는다. 마치 홍차를 처음 마셔보고 그 쓰고 떫음에 맛없는 차라고 치부했던 것처럼 말이다. 공동체 사람들과 함께하면서 사람을 어떻게 대해야 하고 어떻게 관심을 가져야 하는지 배웠다. 같은 종자의 찻잎도 자라는 환경이나 가꾸는 방식에 따라 각기 다른 향과 맛을 내는 것처럼, 사람에게도 저마다 다른 향기와 매력이 있다는 걸 이제는 조금 알 것 같다. 또 같은 차라도 내리는 방법과 날씨에 따라 새로운 향과 맛을 느끼는 이치로, 사람도 내가 어떻게 관심을 가지고 바라보느냐에 따라 새로운 면을 보고 더 깊이 알 수 있다는 것도 깨달았다. 아는 만큼 보이고 보이는 만큼 느낄 수 있는 건 '티'의 세계나 '사람'의 세계나 마찬가지라는 생각이 든다.

아름다운 티룸에서 좋은 사람들과 함께 차를 즐기며 때로는 소소한 일상을, 때로는 깊은 대화를 나눌 수 있는 나는 참 행복한 티룸지기다. 오래도록 이 일을 하고 싶다.

선영

스파

도란도란 별밤을 가슴에

나는 '별밤(별을 볼 수 있는 밤)'을 좋아했다. 자취할 때도 옥탑방에 사는 것을 선호했다. 별이 아주 잘 보이는 푸르스름한 깊은 밤하늘을 운 좋게 마주하면 벌러덩 누워 하늘을 한없이 바라보곤 했다. 그 아래에 있 으면 우주 속에 있는 것 같은 신비로움과 시야에 온통 하늘뿐인 자유로 움, 내 몸을 이리저리 간지럽히는 바람이 좋았다. 별빛 아래서 나누는 사 랑, 대화, 사색은 상상하는 것만으로도 그렇게 로맨틱할 수가 없다. 별밤 은 내게 로망 그 자체였다.

은공1호를 짓기 위해 많은 아이디어가 나왔다. 건강, 미용, 취미, 공부 등 다양한 활동을 가능하게 하는 공간이 만들어졌다. 그중 단연코 가장 로맨틱하고 '여기가 천국이구나! 환상적인 여행지가 따로 없구나!' 할 만큼 아름답게 만들어진 공간이 바로 옥상 스파다.

사실 많은 어려움이 있었다. 옥상에 스파를 만들어 물을 채우면 건물 구조적으로 안전에 미치는 영향을 고려해야 했고, 비용도 만만치 않았다. 여러 차례 스파에 대한 토론이 이어졌다. 비용과 안전의 부담을 안는 게 어려울 것 같다는 의견과 사계절의 아름다운 자연을 품은 이곳 안골에서 자연과 별빛 아래 스파를 즐기는 낭만을 포기하기 너무 아쉽다는 의견이 나왔다. 결국 누릴 수 있는 행복을 포기하지 말고 안전을 충분히 검토하자는 쪽으로 결정되었다. 스파 자재는 편백나무가 가장 좋겠다는 의견이 있었는데 비용이 문제였다. 어쩔 수 없이 보류된 상황에서 크고 작은 기부가 이어졌다. 여기에 공동체 재정을 더해 영화 같은 로맨틱한 공간이 생겨날 수 있었다. 스파도 너무 좋고, 스파를 만들어가는 과정도 아름다웠다.

옥상 스파의 활용도가 높은 계절은 의외로 여름이다. 아이들에게 여름은 단연 물놀이의 계절이다. 아이들은 옥상 스파 주변을 빙빙 돌며 물총 놀이를 하고, 시원한 물을 담은 히노키탕에 뛰어든다. 유치 아이들은 속옷까지 벗은 채 물에 둥둥 떠서 헤엄을 친다. 사실 손과 다리가 바닥에 닿았는데도 "이모, 나 수영 엄청 잘하지?" 하며 바둥바둥하는 모습이 정말 귀엽다.

봄과 가을은 미온수를 받은 스파에 부담 없이 입수할 수 있는 계절이다. 적당히 따뜻한 상태로 한참 동안 대화를 즐긴다. 스파에 앉아 무념

무상으로 잠시 자연을 바라보고 느끼기도 한다. 도봉산의 풍경은 마음마저 넉넉하게 만드는 것 같다. 심사가 뒤틀릴 때, 산을 바라보면 좁디좁은 내 마음이 그렇게 볼품없게 느껴질 수가 없다. '나도 저렇게 넉넉해지고 싶다.'라는 생각이 들며 내 마음에도 여유가 찾아온다.

스파의 참 매력을 느낄 수 있는 시기는 역시 겨울이다. 따뜻한 물을 받아 김이 나는 히노키탕에 들어가면 온몸으로 열기가 전해진다. 몸은 따뜻하게 녹아들고 얼굴은 쨍하게 시원한 상태가 된다. 한참을 물속에 있다 보면 시원하고 개운하고 히노키 향까지 온몸에 더해진다. 날씨가 좋은 날에는 편백나무에 누워 밤하늘에 떠 있는 별을 보기도 한다. '이렇게 여유로움이 넘치게 살고 있구나.'라는 만족감이 밀려온다.

스파는 아이들에게 한여름 물놀이장이요, 어른들에게는 계절에 상관없는 힐링 장소다.

생활 속에서 소소하게 누릴 수 있는 행복이다. 혼자였으면 꿈꾸지 못할 여행지의 낭만이 여러 사람의 마음과 노력으로 이루어졌다. 그래서 더욱 소중하고 가치 있는 공간이다. 너와 나의 소소한 일상에서 누리는 신선놀음에 나는 대대대대대 만족한다.

3부

슬기로운 공유주택 생활 비법

누군가는 말합니다. 원래부터 친한 사람들이 모여서 사니 모여 사는 게 수월한 게 아니냐고. 집이 그렇게 좋은데 화낼 일이 뭐가 있겠냐고. 하지만 그렇게 말하는 사람조차도 잘 압니다. 아무리 친해도 계속 붙어 있으면 웃을 일보다 싸울 일이 많아진다는 걸. 넓고 쾌적한 집이 주는 행복도 하루 이틀이면 식상해진다는 걸. 모두 알고 있듯, 같이 잘 사는 건 노력으로 가능합니다. 은공1호 40여 명 식구들의 5년여의 시간은 매 순간이 노력이라 해도 과언이 아닙니다. 함께하는 시간을 늘리려 했고, 모두의 행복이 누군가의 희생으로 얻어지는 것이 아닐까 조심했습니다. 이왕이면 나누고, 되도록 버렸습니다. 함께 소비하는 즐거움도 좋지만 함께 생산하는 기쁨을 같이 사는 삶의 윤활유로 활용했습니다.

함께 모여 살다 보니 다양한 생각들이 떠오르고 여러 모임이 생겼습니다. 모두의 행복을 위한 실험뿐 아니라 개인의 재미를 위한 소소한 모임까지 그 수는 무한합니다. 바깥으로 보여지는 활동은 물론 개개인의 내면에 일어나는 마음의 활동까지, 은공1호의 생활을 슬기롭게 지탱한 노력의 이모저모를 소개합니다. 함께 사는 삶을 준비하는 분, 함께하는 지금의 삶이 깨질까 조마조마하신 분, 지금보다 더 나은 함께의 삶을 고민하는 분들께 도움이 되길 바라며 엮었습니다.

조직하고 실험하기

대안학교와 대안유치원

아침이 되면 은공1호 어른들은 서둘러 출근길에 나선다. 어른들이 빠져나간 공간은 아이들을 위한 학교로 바뀐다. 오늘공동체는 공동체 아이들을 위해 대안교육 프로그램을 만들었다. 영유아들을 돌보는 대안유치원 '안골유치원'과 초등교육부터 고등교육까지 담당하는 대안학교 '안골마을학교'이다.

영유아들 수업은 주로 지하에서 이뤄진다. 새싹방에서 대부분의 수업이 진행되고 발레와 같은 활동성이 큰 수업은 씨앗홀을 이용한다. 초등과 청소년 수업은 은공1호 곳곳에서 진행된다. 북카페인 4부족 거실에서는 청소년들의 자기주도학습과 역사·한문 수업이 이뤄진다. 씨앗홀에는 여러 장비가 구비되어 있어 초등 아이들이 음악과 체육 수업을 하고, 청소년 아이들이 빔프로젝터로 영화를 보거나 발표 수업을 한다. 학교 축제 때는 연극무대로도 사용한다.

대안유치원은 돌봄의 필요로 생겼다. 믿고 맡길 수 있는 교사와 집에서 가깝고 안전한 공간이 갖춰지니 부모가 적극적이었다. 현재는 15개월 지난 아이부터 7세 아이까지 아이들 다섯 명을 교사 두 명이 전담해서 맡고 있다. 활동적이고 자발적인 놀이 시간이 많아 아이들 얼굴이 항상 밝다.

대안유치원이 돌봄의 필요로 생겼다면 대안학교는 왜 만들어졌을까?

나는 대안학교 청소년 담당 교사로 일하고 있고, 이전에는 경기도 소재 초등 대안학교에서 근무했다. 당시 그 학교가 가진 큰 장점이 있었다. 아이들이 학교를 사랑하고, 학교 생활에 무척 만족한다는 것이다. 아이들이 학교를 사랑하는 이유는 관계적인 측면이 가장 컸다. 교사들은 사명감을 가지고 아이들 한 명 한 명을 진심으로 대한다. 한 교사가 초등 1학년 아이를 맡아 아이가 졸업할 때까지 담임교사가 된다. 긴 시간을 함께한 만큼 학생에 대한 이해와 정서가 깊다. 자연히 아이들은 교사에 대한 신뢰가 두텁다. 아이들 간의 관계도 마찬가지다. 처음엔 갈등이 있어도 시간이 흐르면서 서로를 받아들이고, 진짜 친구가 되어간다.

은공1호에 살기 전, 오늘공동체 아이들은 일반 학교에 다니고 있었는데 아이들 대부분이 학교 생활을 힘들어했다. 서로 경쟁해야 했고,

1. 자유놀이시간에 안골유치원생들이 갖가지 천을 난간에 단단히 묶고 연결해서
자신이 원하는 형태의 그네를 만들어 타고 있다.
2. 유치 아이들에게는 은공1호 곳곳이 신나는 유치원이다. 비온 뒤 물이 마르지 않은
옥상 바닥을 누비던 젖은 발로 벽에 발모양 찍기를 하며 놀고 있다.
3. 아이들이 자신만의 썰매를 만들어 은공1호 뒷산 자연놀이터에서 눈썰매를 탔다.
4. 동화 속에 나오는 과자집을 직접 만들고 있다.

소외당하지 않기 위해 억지로 교우관계를 맺기도 했다. 이 아이들이 공동체 안에서 배움을 이어간다면 서로 간에 쌓은 신뢰와 애정이 두텁기 때문에 경쟁 대신 안정감을 느끼며 삶에 필요한 내용을 배워가리라 확신했다. 공동체원들도 이런 생각에 공감해 학교를 만들기에 이르렀다.

처음 학교를 만들었을 당시 우려도 있었다. 가장 큰 우려는 대입 준비를 잘할 수 있을지에 관한 의문이었다. 개인적으론 그리 걱정되지 않았다. 아이들 미래를 위해 필요한 것이 단순히 대입을 위한 지식이라고 생각지 않았다. 긴 관점에서 인생에 정말 필요한 것은 자신이 원하는 것을 구체적으로 아는 것, 그것을 위한 내면의 힘을 키우는 것, 무엇보다 좋은 관계를 맺는 법을 배우는 것이라고 여겼다. 대입을 위한 공부는 정말 원할 때 자발적으로 해야 더 효과적이지 않겠는가.

안골마을학교가 만들어진 지 6년째인데, 나름의 성과가 있다. 처음에 아이들은 무기력했고, 불만이 많았다. 무엇을 할 때마다 부정적이었다. '이것은 싫다' '저것은 귀찮다'고 했다. 매우 수동적이었다. 협력이 필요한 프로젝트 수업을 할 땐 어떻게 협력해야 할지 몰랐다. 하지만 6년이 지난 지금 놀라운 변화를 확인한다. 아이들은 자신이 무엇을 좋아하는지 알게 되었으며, 그것을 이루기 위한 방법을 찾고 협력할 줄 알게 되었다.

수업은 크게 세 파트로 나뉜다. 첫째, 매일 자기주도학습이 한 시간 진행된다. 자기주도학습이란 쉽게 말해 자기 관심사를 자기 주도하에 학습하여 익혀나가는 수업이다. 어떠한 것이든 상관없다. 초기에는 잘 진척되지 않았다. 우선 아이들은 자기가 뭘 좋아하는지 알지 못했다. 정했다 하더라도 어떻게 배워나가야 할지 몰랐다. 하지만 점차 자기가 뭘 좋아하는지 찾아갔다. 영어, 수학, 일본어, 독서, 운동, 기타, 피아노, 뜨개질 등 종류도 다양했다.

시간이 지날수록 성과가 나타나니 아이들은 탄력을 받아 스스로 동기부여를 하며 열심히 임했다. 이 수업에서 경쟁은 없었다. 대부분 각자가 원하는 것이 달랐다. 같다고 하더라도 서로 도왔다. 아이들은 경쟁할 필요가 없다는 것을 알게 되었고, 자신이 해야 할 일에만 집중할 수 있었다. 이렇게 하나를 깊게 파고드는 능력은 다른 것을 배울 때에도 영향을 미쳤다. 이 수업은 아이들이 가장 좋아하는 수업 가운데 하나가 되었다.

둘째, 프로젝트 수업이 있다. 프로젝트 수업은 학기마다 다르다. 조선 궁궐 프로젝트, '어떻게 살 것인가?'를 탐구하는 프로젝트, 영화 제작 프로젝트처럼 다양했다. 혼자서는 해나갈 수 없는 수업이다. 예를 들어, 영화 제작 프로젝트는 한 시간짜리 영화를 제작하는 것이었다. 이에 장소 섭외 팀, 의상 팀, 대본 제작 팀 등을 구성했다. 아이들 수준에는 긴 분량이어서 제작 가능할지 모두 불안해했다. 장소 섭외부터 만만치 않았다. 장소로 학교가 필요했고, 나룻배가 있어야 했으며, 연극 공연장도 필요했다. 학교 섭외의 경우 서울의 많은 학교에 전화했지만 섭외가 되지 않았다. 그래서 지방으로 눈을 돌렸고, 다행히 지방에 있는 한 학교가 섭외 요청을 받아줬다. 아이들은 이에 자신감을 얻고 다른 장소도 섭외

안골마을학교 초등학생들이 연례 학교 축제에서
앙상블 연주와 연극 공연을 하고 있다.

에 나서 이뤄냈다. 혼자서는 결코 하기 어려운 작업들이었다. 그걸 해내며 함께하는 법을 배웠고, 어려운 목표를 끝내 달성하는 경험을 했다.

국가보훈처에서 진행된 보훈콘텐츠공모전에 영상을 출품한 적이 있었다. 중고등 기준으로 전교생이 고작 여섯 명밖에 안 되는 학교의 아이들은 이 영상을 제작하여 우수상을 받았다. 내가 놀란 것은 수상보다는 그 과정이었다. 아이들은 어떤 영상을 만들지 함께 논의했다. 큰 맥락이 잡히고 서로 논의하여 시나리오에 살이 붙여졌다. 시나리오 작가가 따로 없었는데 시나리오가 만들어졌다. 그러고선 각자 자기가 할 역할을 알아서 찾아 하기 시작했다. 한 친구는 의상을 구하러 사방으로 뛰어다녔고, 다른 친구는 적절한 촬영 장소를 찾았다. 어떤 친구는 배우가 될 친구에게 어떻게 연기를 할지 조언을 하고, 또 다른 친구는 소품을 구매하러 갔다. 서로 알아서 자기 일을 찾아 나선 것이다. 단 하루 동안 작업했음에도 퀄리티 있는 영상이 만들어졌다.

마지막으로 교과목 수업이 있다. 수학, 영어, 미술, 한자 등 교과 과목 위주로 짜여 있고 담임교사와 과목별 강사가 수업을 진행한다.

학교 아이들이 비단 학교에서만 교육을 받는 것은 아니다. 은공1호에서의 삶은 그들에게 또 다른 학교다. 아이들은 이곳에서 어른들의 삶을 본다. 어른들과 함께 밥을 먹고, 대화를 나눈다. 많은 어른들을 경험하며 자신만의 롤모델을 만들어나간다. 어른과의 관계뿐 아니라 다른 아이들과 관계도 또 하나의 배움의 장이다. 학교에서는 교우관계가 또래집단에만 머무는 관계이기 쉽다. 안골유치원은 15개월부터 7세, 안골마을학교는 초1부터 고3 아이들이 있다. 아이들은 챙김을 받기도 하고, 동생을 챙기게 되기도 한다. 다양한 연령대의 아이들과 어울리며 서로를 이해하는 기회가 만들어진다.

일반 학교에 비해 수는 적지만, 관계의 양도 많고 질 또한 높다. 아이들은 궁극적으로 자신이 누구인지 알아가며 다른 사람과 잘 어울리고 잘 노는 교육을 받는 셈이다. 나는 이런 교육이 앞으로 누구와 어떤 일을 하든 협력하여 잘해내는 토대를 세우는, 삶에 매우 유용한 교육이라고 생각한다.

카 셰어링

내 차는 없지만, 우리 차는 많다

은공1호에 주차된 차를 타고 출근한 어느 날이었다. 회사 입구에서 인사를 나눈 동료가 내게 물었다.

"선생님은 차가 몇 대야?"

내가 이틀 전에 타고 왔던 차와 다른 차를 타고 오는 것을 두고 한 말이다. 며칠 만에 차를 바꿔 타고 오는 모습이 신기해 보일 법하다.

나는 내 차가 없다. 그렇지만 언제든지 차를 사용할 수 있고 용도에 따라 경차부터 트럭까지 바꿔 탈 수도 있다. 차 소유주들이 다른 이가 차를 사용할 수 있도록 '카 셰어링'을 하고 있기에 가능한 일이다.

카 셰어링은 은공1호 입주 전과 후로 구분될 수 있다. 입주 전에도 종종 차를 빌려 사용하곤 했지만 본격적인 카 셰어링은 은공1호 생활이 시작되면서부터이다. 모여 살다 보니 자연스레 각자의 다양한 물품이 한데 모였고, 자동차도 그중 하나였다. 카 셰어링을 시작한 건 승엽이었다. 승엽의 차는 주말에만 일시적으로 사용되고 평일에는 주차장 한 자리를 차지한 채 움직이지 않는 경우가 많았다. 승엽은 '이렇게 가만히 두는 것보다 필요한 누군가가 사용하면 좋겠다.'고 생각해 차를 공유하겠다고 했다.

나는 다른 물건도 아닌 차를 공유한다는 소식을 듣자 무언가 경계가 허물어지는 느낌을 받았다. 내 것과 네 것, 소유하는 물건을 기준으로 상대와 나를 경계 긋고 있던 나와 달리 승엽이는 그런 경계를 지우고 공동체에게 자신을 열어 보였다. 이 일을 시작으로 다른 차주들도 하나둘씩 공유에 동참했다. 각자의 소유 경계를 허물고, 공동체적 삶으로 한 걸음 더 들어가는 경험이었다.

차 활용과 운영 방식

현재 운행 가능한 차는 승용차 6대, SUV 3대, 트럭 1대로 총 10대다. 그중 가장 많이 사용하는 차는 일명 '붕붕할배'와 '퀸카'이다. 붕붕할배는 5인승 승용차로 공동체 차량 가운데 최고령이다. 2002년식 차량임에도 불구하고 지금도 고속도로에서 묵직한 주행감을 자랑할 만큼 튼튼한 심장을 가지고 있다. 외관에 세월의 흔적이 묻어 있긴 하지만 초보 운전자에게는 오히려 그 점이 운전 부담을 줄여주는 장점으로 작용된다. 퀸카도 붕붕할배와 같은 5인승 승용차인데, 퀸카라는 이름도 붕붕할배라는 이름도 공동체원들이 지어주었다. 붕붕할배 뒤에 공유된 퀸카를 두고 붕붕할매라는 이름도 거론되었지만 결국은 퀸카라는 근사한 별명을 가지게 되었다. 퀸카는 붕붕할배보다 연식이 오래되지 않고 연비도 좋아 이용 빈도가 좀 더 높다. 그 외에도 여러 차량이 대안학교와 대안유치원의 학교버스로, 공동체 야구단 이동 수단으로, 이사나 장보기 등 많은 양의 짐을 실어 나르는 용도로, 장거리 여행과 응급상황 발생 시 이용 차량으로 공동체원들의 다양한 필요를 충족시켜주고 있다.

카 셰어링 사용 신청은 그룹채팅방을 통해 이뤄지는데, 이 채팅방에는 차량 소유자를 비롯해 공유차량 이용을 희망하는 사람들이 초대되어 있다. 차량 사용 조건은 운전면허증 하나로 충분하다. 사용을 원하는 사람은 원하는 차량과 일정을 적어 채팅방에 올린다. 차량 소유자는 메시지를 보고, 다른 사용자와 중복되지 않는지 사용 가능 여부를 확인한다. 급한 경우 신청자는 차량 소유자에게 직접 전화를 걸어 사용 가능 여부를 확인하고, 사용 내역을 채팅방에 적는다. 이 내용을 본 채팅방 내 다른 사람들은 해당 차량의 현재 운영 여부를 파악할 수 있다.

은공1호에는 10대의 차량이 공유되기에 중복 이용자가 생겨도 차량 사용에 아무런 문제가 없다. 차량을 사용한 뒤 사용자는 자기가 사용한 만큼 차주의 계좌에 유류비를 입금하거나 일정 금액을 적립해놓고 차감해간다. 이때 사용자는 유류비 외에 차량 이용료는 따로 지불하지 않는다.

사용도 관리도 함께

사용 외에 관리 영역에서도 공유가 시작되었다. 붕붕할배의 타이어를 교체해야 할 일이 있었는데, 채팅방에서 타이어 교체에 동참을 하고 싶다는 얘기가 올라왔다. 너도 나도 동참하겠다는 의사가 이어졌다. 차주와 사용자들이 타이어 교체비용을 함께 부담하게 되었다. 차주와 사용자가 구분되어 있지 않고 함께하고 있음을 확인하게 되는 신선한 경험이었다. 이후에도 큰 비용이 들어가는 수리 시에는 차주와 사용자가 함께 돈을 모아 수리를 해오고 있다. 사용부터 관리까지 이어지는 일련의 과정은 모두 자발적 참여로 이루어진다. 그러다 보니 은공1호의 카 셰어링은 자원의 공유만이 아닌, 마음을 주고받는 과정이기도 하다. 이런 공유의 경험은 또 다른 공유의 밑거름이 되고 있다.

4부족의 게스트하우스 조식사업

2018년 12월부터 4부족에서 조식사업을 시작했다. 1층에 게스트하우스가 생겼을 때부터 머무는 손님들에게 조식을 누가 어떻게 준비해줄 것인지에 대한 논의가 있었다. 공동체원들이 여기저기 여행 후일담으로 호텔 조식이 좋았다는 이야기를 종종 했었기에 공동체에 여행 온 분들께도 호텔에 온 것처럼 정성스레 조식을 제공하고 싶은 맘이 컸다. 한 개인이 맡기에는 본업을 하면서 시간을 내야 하는 어려움, 조식 시간과 양이 일정하지 않은 어려움, 재료 보관의 어려움 등이 있어 4부족이 조식사업을 해보기로 했다. 부족 차원에서 하면 개인이 맡을 때 갖는 부담이 해결되고, 조금 남는 이윤은 부족 생활비에 보탬이 될 수도 있겠다는 생각이었다.

　회의를 통해 조식 가격은 1인분에 1만 원으로 정했다. 메뉴 선정 과정에 공동체원들의 경험이 많은 도움이 되었다. 조식 메뉴로 브로콜리 수프, 그레놀라, 요거트, 모닝빵, 샐러드, 과일, 햄, 스크램블, 잼 2종류, 케첩, 물과 주스가 선정되었다. 누가 당번을 해도 같은 맛을 낼 수 있도록, 그리고 준비가 수월하도록 재료의 양을 개량하여 수치화했다.

　서비스할 만큼 음식이 성공하기까지 오랜 조리 과정과 시식 과정을 거쳤다. 냅킨이며 스푼과 포크, 나무쟁반, 접시, 컵 등도 함께 준비했

4부족은 게스트하우스에 머무시는 분들의 조식을 담당하고 있다.
아직은 이 구성 한 메뉴지만 한식 메뉴도 개발해보려 한다.
맛있게 드셔주셔서 늘 감사하다.

다. 조식 예약 날짜에 맞춰 부족원 중 누군가가 요거트나 샐러드드레싱, 그래놀라, 잼을 직접 만들었다. 한번은 조식에 쓰였던, 고기 함유량이 많고 맛도 좋은 햄의 판매가 중지되면서 대체할 햄을 찾기 위해 많은 종류의 햄을 먹어보기도 했다.

초창기에는 조식 인원에 따라 준비 담당과 뒷정리 담당을 한 달 전에 미리 정하기로 하고 시간표를 짰다. 언제 예약이 될지 모르기에 매월 모든 날의 당번을 정했다. 조식 인원에 따라 2인 1조 혹은 3인 1조가 식사 준비를 하고 뒷정리는 한 명이나 두 명이 맡았다. 당번에게는 수고비를 지급했었는데 한 부족원의 제안으로 2019년 8월부터는 수고비를 받지 않고 있다. 남는 재료들은 부족원들이 함께 먹고 이윤도 부족 생활비로 사용한다. 조식 당번은 예약이 들어올 때마다 자원한다. 평일 조식 때는 평소보다 한 시간 반 일찍 일어나고 주말에도 일찍 일어나는 수고를 마다하지 않는다. 바빠서 준비는 못 하지만 뒷정리는 어떻게든 해보겠다며 자청하기도 하고, 준비하기로 한 멤버가 급한 일이 생겨 못 하면 대신하기를 마다하지 않는다. 각자의 본업이 있으면서도 자는 시간 줄여가며 서로 섬기는 마음으로 하고 있다.

여행을 많이 다녀본 멤버들은 여행지에서 먹은 조식과 우리가 만든 조식을 비교하며 우리 것이 더 낫다는 칭찬을 하곤 한다. 또 조식을 드신 분들은 '맛있었다, 정성스럽다. 오면 꼭 먹어봐야 한다.' 등의 반응을 해주신다. 개인 SNS에 사진을 올리기도 하고, 쪽지를 남기고 가기도 하신다.

여행지에서 정성스러운 조식에 감동받아 그 여행지를 더 오래도록 기억하게 되는 것처럼 게스트하우스를 다녀가신 분들이 행복하게 조식을 먹고 공동체를 방문한 기억을 오래오래 기분 좋게 간직하기를 바란다.

1부족의 세탁대행사업

1부족은 인당 15만 원씩 생활비를 낸다. 모두 열네 명이니 매월 걷히는 전체 생활비는 210만 원이다. 1부족은 210만 원으로 많은 것을 한다. 수도·전기세를 내는 것은 물론 식사거리, 간식거리, 생활용품 등을 풍성하게 구매한다. 게다가 종종 재정적으로 어려운 공동체원들을 후원하기도 하고, 캡슐커피를 구매하여 누구나 편하게 커피를 마실 수 있도록 지원한다. 공유주택에 입주하고 초기에는 소비·구매 패턴이 들쭉날쭉하여 생활비가 모자라기도 남기도 했지만, 입주하고 4년이 지난 지금은 많이 안정되어 추가로 생활비를 걷는 일은 거의 없다.

1부족이 세탁사업을 하게 된 계기는 바비큐 파티가 정례화되면서

부터였다. 바비큐 파티 연습을 위해 음식 재료를 구매하면서 생활비가 모자라는 상황이 발생하자 부족회의에서 부족의 생활비 보충을 위해 사업을 하는 것이 어떠냐는 의견이 나왔다. 부족원들은 여러 사업 아이디어를 냈고, 어떤 사업이 가장 우리 부족원이 하기에 적절한지 토의를 했다. 여러 사업 중 세탁대행사업이 공유주택에 거주하는 사람들에게도 도움이 되고, 우리 부족원 누구나 참여할 수 있어 선정되었다.

1부족이 실시하는 세탁대행서비스는 은공1호에 거주하는 공동체원들이 세탁 신청을 하면 세탁, 건조, 개는 것까지 완료하여 방에 가져다주는 것과 세탁물을 세탁소에 맡겨주는 대행서비스 두 종류로 나뉜다. 공동체원 누군가가 세탁대행 카톡방에 '○○방 세탁물 한 바구니 신청합니다.'라고 올리면 1부족원 가운데 자율적으로 시간이 가능한 사람이 세탁을 완료해서 신청자 방에 가져다 둔다. 세탁비는 한 바구니 기준으로 3000원을 받는데, 2000원은 부족 생활비에 넣고, 1000원은 세탁 담당자의 수고비로 준다. 세탁소 대행비도 한 번에 3000원의 대행료를 받고 동일하게 집행한다. 세탁서비스는 잦은 야근으로 세탁을 하기 어려운 직장인들이 많이 이용하고 있으며 만족도 또한 매우 높다.

1부족원 가운데 세탁서비스를 할 사람이 없는 경우는 지금까지 없었다. 다행히 1부족원 중 육아휴직자가 연이어 있어서 시간적 여유가 있는 멤버가 주로 세탁서비스를 자진해 맡아주었다. 세탁서비스 신청이 많을 때는 부족 생활비에 도움이 되어 또 다른 사업도 구상하여 진행해보자는 의견도 있었지만, 그 무렵 1부족 구성원들이 모두 복직하고 바빠지면서 추가 사업 구상은 하지 못했다.

세탁대행서비스를 계획하고 진행하면서 함께 사는 구성원들의 필요와 욕구 등을 자세히 살펴볼 수 있는 기회가 되었고, 만족스러운 피드백을 받으며 즐겁게 사업을 해가고 있다. 세탁 신청이 들어올 때마다 적극적으로 참여해주는 부족원들이 있어 가능한 일이다.

서울의 끝자락 도봉에서 텃밭 농사를

오늘공동체는 서울의 동북쪽 끝, 도봉산 자락 아래 안골마을이라는 곳에 자리 잡고 있다. 대학 때부터 10년 넘게 서울에 살았지만 마을이라는 이름이 있는 동네에 산 것은 처음이다. 여기 마을에는 밭이 많이 있는데, 마을 어르신들이 연세가 많으셔서 젊은이들과 아이들이 많은 공동체에 밭을 일구어보라고 빌려주셨다. 그렇게 일구게 된 텃밭이 은공1호 주변과 집에서 조금 떨어진 산 아래 밭까지 총 다섯 곳이다.

나는 언젠가부터 농사를 지어보고 싶어서 1년 정도 농사를 배우기도 했고, 이 집에 들어오면서 그 바람을 실현하고 싶어 농사에 관심 있는 사람들을 모집해서 아홉 명의 농사팀을 꾸렸다. 대안학교 선생님과 아이들도 농사에 함께하기로 해서 모두 서른다섯 명이라는 많은 인원이 농사를 짓게 되었다. 농사를 지어보고 싶은 마음은 컸지만, 서울에서 이렇게 농사를 지으며 살 줄 꿈에도 상상하지 못했다.

농사에 대한 경험과 지식이 거의 없던 우리는《호미 한자루 농법》(들녘 펴냄, 2016년)이라는 책을 읽으며 공부하기 시작했다. 책을 읽으며 자연농법과 토종씨앗에 대해 알게 되었다. 우리는 책을 쓴 안철환 선생님을 직접 모셔 씨앗 뿌리는 방법, 모종 키우는 방법, 음식물쓰레기로 퇴비 만드는 방법을 배웠다. 그리고 여러 토종씨앗들도 구할 수 있었다. 흰가지, 흰당근, 대흑찰옥수수, 담배상추, 사과참외, 흑수박 같은 토종씨앗들은 지금까지 한 번도 먹어보지 못한 작물들이어서 어떤 모양과 맛일지 기대가 되었다.

모종 트레이에 씨앗을 심고 순서를 정해 돌아가며 매일 아침 물주기를 했다. 아이들은 각자 자기가 맡은 작물의 씨앗이 언제 싹을 틔울지 기다렸는데, 어떤 아이는 오래도록 자기 작물이 싹을 틔우지 않아서 마음이 조급해지기도 했다. 씨앗을 뚫고 싹이 나오는 모습을 지켜보는 것은 정말 설레고 흥분되는 일이었다.

아이들을 안내해야 하는 어른들도 농알못(농사를 알지 못함)이라 아이들의 질문은 어느 한 번도 쉬운 적이 없었다. "이모, 진드기가 많아요." "이모, 개미가 많아요." "이모, 무당벌레 죽여요?" "이모, 가지가 쓰러졌어요." "이모, 물 줘야 해요?" "이모, 깻잎 때문에 고추가 못 자라요." "이모, 이거 뽑아버릴까요?" 벌레를 죽여야 할지 벌레들과 농작물을 같이

1. 작년 늦여름 이웃집에서 빌려준 텃밭에 배추를 심었다.
큰 포기의 배추를 수확하진 못했지만 맛은 최고였다.
2. 마트에서 망에 든 양파만 보던 아이들은
땅에서 자란 양파를 직접 캐고는 마냥 신기해했다.
3. 제 할 일을 다한 땅에 멀칭(바닥덮기) 중이다. 여러 방법 중 낙엽멀칭을 하고 있다.
4. 2021년에 공동체원 지인이 이천에 있는 논을 빌려주어
그곳에서 쌀을 재배하고 있다. 아이들이 벼농사체험 중이다.
5. 땅은 일구고 가꾸는 만큼 우리에게 먹거리를 준다.
아이들에게 농사는 놀이가 된다.

나눠 먹어야 할지, 물이 지금 충분한지 부족한지 나도 잘 모르겠다. 언젠 가 이런 질문에 답을 척척 해주는 이모가 될 수 있기를 바란다.

다 같이 산의 낙엽들을 긁어모아다가 흙을 덮어주기도 하고, 달걀 껍데기를 모아 칼슘 액비를 만들어 뿌려주기도 하고, 멧돼지가 침입하 는 것을 막기 위해 울타리를 만들기도 하는 등 혼자였으면 엄두도 못 냈 을 많은 일을 함께 했다. 지난봄과 여름 식탁에는 매일같이 밭에서 갓 수확한 채소들이 나왔다. 래디시 수확 파티, 당근 수확 파티, 가지 수확 파티를 열어 수확한 작물들로 파스타와 피자를 만들어 나누어 먹기도 했다. 우리가 직접 심은 농작물을 함께 키워 먹는 경험은 경이로웠다. 가 장 흐뭇했던 순간은 함께 감자를 수확하는 날이었다. 감자가 42줄기가 있는데 아이들은 22명이라 초등 이하는 하나씩, 중고등은 두 개씩 감자 를 캐게 했다. 아이들은 흙 속에 손을 넣고 감자를 찾으며 정말 신나 했 다. 아이들이 신난 모습을 보니 나도 즐거웠다.

벌써 봄농사가 시작된 지 한창이다. 올해는 공동체 식구들의 요청 으로 바질을 많이 심었다. 나중에 수확해서 토마토에 얹어 먹고 수확량 이 풍부하면 바질페스토도 만들어보고 싶다. 언젠가는 콩도 심어서 같 이 두부도 만들고 장도 담가보고 싶다. 함께라서 상상할 수 있는 것들이 많다. 이제 2년 차 초보 농부인데 앞으로 5년 차, 10년 차 농부가 되도록 오래오래 같이 농사짓고 살면 좋겠다.

소모임 활동

　같이 살면서 모임을 하기가 훨씬 수월해졌다. 모일 장소가 많고, 모임 장소로 오가는 시간도 1~2분이면 충분하다. 아이를 키우는 부모도 아이들끼리 잘 놀기도 하고, 혹 아이가 도움이 필요하면 곧장 모임 장소로 올 수 있어 편하게 참여한다. 하루 일과를 마치고 밤 12시, 새벽 1시에 시작하는 모임도 있다. 모임 환경이 좋아지다 보니 다양한 영역의 모임이 생기고 전체 모임 수와 한 개인이 참여하는 모임 수 또한 크게 늘어났다. 소모임은 70개가량 되며, 이 가운데 10개 이상의 모임에 참여하는 사람도 10명이 넘는다. 20개 모임에 참여하는 '모임왕'도 있다. 소모임 활동은 공유주택 삶에 활력을 주는 또 하나의 즐거움이다.

음악

- 앙상블   아마추어 챔버오케스트라. 팝, ost, 클래식 등 다양한 레퍼토리를 연주. 매주 1회 합주 연습
- 장밴   록(Rock)을 좋아해서 만든 밴드. 주로 하드 록, 얼터너티브 록 장르 공연
- 제이 밴드   장밴에 이어 두 번째로 생긴 제2밴드. 성인+청소년 밴드
- 어쩐다 밴드   '이를 어쩐다.'에서 '어,쩐다!'의 경지를 지향하는 젊은이 밴드
- Paper Dragon   록을 기반으로 헤비니스 음악을 추구하는 밴드
- 방과후 밴드   방과후수업의 일환으로 중등학생들로 구성된 밴드
- 아카펠라 '거숨'   아카펠라 동아리. 처음 연습할 때 거친 숨소리만 나서 '거숨'으로 이름을 지었지만 지금은 하모니를 빛낸다
- 향떼창 모임   노래 경험과 자신이 없어도 노래를 좋아한다면 부담 없이 떼로 모여 노래할 수 있는 모임
- 기타 교실   종윤에게 배우는 기타 입문반
- 베이스기타 교실   유진에게 배우는 베이스기타 입문반
- July Morninig   펑크록을 기반으로 대중적인 록 음악을 연주하는 밴드
- 아미 모임   BTS 덕후 모임

운동

- 요가퐈이아   요가를 통한 건강한 육체와 마음 수련
- 위드휴먼스   사회인 야구 동호회
- 하나공   어른과 청소년 모두를 아우르는 주기적인 온라인 축구게임과 극간헐적 오프라인 축구. 게임이 없을 땐 단톡방 넌센스 퀴즈풀이도 하는 모임
- 도봉산 등산 모임   도봉산을 오르며 몸과 마음을 건강하고 아름답게 가꾸려는 사람들의 모임

- 러닝 모임   도봉의 자연환경을 러닝(running)으로 만끽하는 간헐적 러너들의 모임
- 필라테스   자신의 몸을 느끼고 움직이는 인지 필라테스 수업
- 자전거 모임   자전거 타는 걸 좋아하는 사람들의 모임. 상급자가 초보자를 교육하며 함께 라이딩을 즐기는 시간
- 프리다이빙 모임   프리다이빙 자격증을 취득하여 국내외 프리다이빙 스팟에서 함께 즐기는 모임
- 고유진의 PT   고유진에게 웨이트 운동을 배움(전문가는 아님)

댄스

- 다진샘 댄스   여러 움직임을 시도하며 다양한 춤을 만들어보는 춤 모임
- YG 댄스   YunGee 샘에게 블랙핑크 〈how you like that〉 배우는 모임
- 필러   댄스 반, 수다 반 혜인과 남자들의 3년 차 춤 모임
- 이모들과 댄스 모임   춤이 낯선 이모들과 함께 섹시 댄스 공연을 준비하는 모임
- 방탄 댄스   혜인 샘에게 방탄 댄스 메들리를 배우는 모임
- 3g 댄스 모임   혜인 샘에게 배우는 초등학생 저학년 댄스 교실

독서

- 문학소녀   좋아하는 소설을 추천받아 읽고 느낀 것을 나누는 모임
- 오전반 책모임   재택근무, 휴직 등으로 오전에 집에 있는 사람들이 모여 시작한 책 읽기 모임 (지금은 야간반이 되었다)
- 심야톡독   공동체에서 가장 오래된 책모임. 심야에 만나 다양한 주제의 책을 읽으며 삶을 나눔
- 영미소설 모임 'The horny predator'   영미 소설을 읽으며 느껴지는 영어의 뉘앙스와 영미권 문화를 이해하면서 영어공부를 하는 모임

- 도서 정리 모임 은공1호 내 도서 정리 및 리스트 작업을 목적으로 한 모임
- 브랜딩 책모임 브랜딩 관련 책을 공부해 공동체 운영 카페 브랜딩에 적용점을 연구하는 모임

인문학/문화

- 은공 공동체원들이 저자로 참여하는 출판물 창작 모임
- 글쓰기 모임 글을 매개로 나를 알아가는 모임
- 안골청연 책을 만나고, 더 나아가 사람을 만나고 세상을 만나며 인문학적 지평을 넓히려는 모임
- 영화 모임 '오늘 뭐 봐?' 주최자가 선정하는 달마다 다른 영화를 함께 보고 소감을 나누는 영화 반 나눔 반 모임
- 단편영화 제작단 '비상필름' 단편영화를 감상하고 창작하며 잠재된 감성과 재능을 찾아보는 모임
- 애니메이션 모임 좋아하는 애니메이션을 추천받아 공유하거나 좋은 애니메이션이 개봉할 때 시간이 맞는 사람들과 함께 관람하러 가는 모임
- 미술관 나들이 모임 좋은 전시를 추천받아 전시를 같이 관람하고, 전시를 보고 느낀 것을 함께 나누는 '상큼한' 나들이 모임
- 꿈꿍이 꿈 속의 무의식이 내는 목소리에 귀 기울여 우리의 진정한 모습을 찾아가는 시간
- 심리 책모임 사람의 마음을 통해 나를 알고, 상대를 이해하는 모임
- 아무거나 모임 일단 만나서 뭘 할지 생각하자. 무엇을 제안하든 그것을 함께하겠다 다짐한 모임
- 한강 프로젝트 모임 아름다운 옛 한강의 모습을 사진으로 함께 기억하고자 하는 모임

- 공간 이름 모임 은공1호 건물에 있는 공간들에 어울리는 이름을 짓고 이름 짓는 과정을 공동체원들과 함께하는 활동으로 만들어가는 모임

- 어쩌다 철학(좌충우돌 철학) '어쩌다 어른'이 되고 보니 내 삶의 철학이 필요해져서 모르는 머리를 맞대고 좌충우돌 알아가보는 철학책 독서 모임

- 연극동아리 '숨' 공연 보고 대본 읽고 연극놀이도 하며 가끔 여행을 통해 배우 기량을 쌓아 낭독공연을 준비하는 모임

- 퀘스천클럽 뭐에 대해서든 의문, 질문 올리면 모여서 얘기하는 모임

- 된다안된다 가깝지만 모르는 생활상식에 관한 궁금증을 질문하고 해결하는 모임. 치킨파티도 여는 유쾌한 시간

- 역사 모임 세계사 편력으로 역사 공부를 하는 모임

- 히피 모임 히피와 그와 연관된 맥락을 공부하고 토론하여 사고의 자유를 추구하는 모임

- 68혁명 모임 68혁명의 정신을 공부하고 실천할 수 있는 활동을 계획하고 실천하는 모임

- 아크릴화 모임 예술에 관심과 흥미가 있어 아크릴화를 배우고 그린다는 데서 행복을 느끼는 사람들의 힐링 모임

- 타로 모임 타로에 관심 있는 사람들의 모임

농사/마을

- 어른 농사팀 모임 주말에 농사하는 주말 농사팀. 바쁜 직장 생활에서 벗어나 자연과 함께 소통하며 땀 흘리고 수확의 기쁨을 나누는 노동 모임

- 농사 리더 모임 안골마을학교와 연계하여 1년 농사를 진행하는 데 필요한 주간 계획 및 활동 내용 수립과 이를 추진하는 모임

- 농사 책모임 친환경 농사에 대한 이해와 의미를 배워가고 철학을 만들어가는 모임

- 마을기업 추진 모임   일상에 필요한 아이디어 상품, 생활용품 등을 만들어 판매하는 마을기업협동조합 모임

디자인

- 리혜의 의상 공구 모임 '당신이 예쁘게 걸칠 수 있는 모든 것들을 대신 찾아드려요' 그래픽 디자이너가 추천하는 맞춤형 스타일링 모임
- 새로운 나 '새로운 나'를 만나보세요. 패션 리더 김자애의 스타일링 코칭 모임
- 오공데코팀   오늘공동체 내 파티 데코레이션을 위한 모임. 양면테이프와 스테이플러만 있으면 집도 만들 수 있습니다!!

교육

- 공감카페 모임   1층 공감카페지기들이 운영 및 아이디어 회의, 커피 관련 공부를 함께하는 모임
- 티룸지기 모임   옥상카페 '티룸'지기들이 티룸 운영을 위해 교육 및 소통하는 모임
- 향 노래교실   노래 잘하는 향 선생님의 보컬 개인 레슨
- 영어 스피킹 모임   갱 티처에게 배우는 영어 스피킹 입문반
- 꽃청춘   유신에게 꽃꽂이 레슨을 받는 모임. 꽃을 보는 것만으로도 행복하지만 작품 속에서 각자의 개성을 느끼는 시간
- 발레 수업   유치원생부터 초등 저학년까지 배우는, 혜인 샘의 발레 수업
- 도해서 자수   프랑스자수 기법을 배우고 작품을 완성하는 모임
- 수학 모임   수학을 좋아하는 사람들이 모여 각자의 진도에 맞게 공부하는 모임

음식/요리

- 삼합회   홍어 좋아하는 사람들의 모임

기록

- 주간오늘 격주로 오늘공동체 소식을 유튜브에 올리는 영상 제작 모임
- 오늘기록원 오늘공동체의 사진, 영상, 문서 등의 기록물을 수집하고 분류, 관리하는 모임

여행

- 아르헨티나 트레블러 모임 아르헨티나 여행을 목표로 아르헨티나에 관련된 공부나 영상 보기 및 각종 활동을 하는 모임

바비큐 파티, 세계 식도락 여행

은공1호의 완공은 오늘공동체의 큰 사건이었다. 공동체원 모두가 건물이 완성되는 과정을 공유하고, 짬을 내어 부족한 일손을 보탰다. 오늘공동체의 첫 번째 공유주택의 탄생은 두 번째, 세 번째 공유주택의 시작이기에 더 의미 있고 기쁜 일이었다. 입주하기 전 공동체는 상가건물 2층을 임대해 각종 모임을 했다. 그때와 비교하면 이사할 걱정, 보증금이나 월세 올려달라면 어쩌지 하는 걱정 없이 지낼 수 있는 번듯한 공간이 생긴 것이다. 내 집 마련의 꿈이 이뤄졌다고 해도 과언이 아니었다.

2017년 7월부터 입주를 시작해 입주예정자들의 이사가 완료된 뒤 같은 해 11월 중순, 공동체원 모두가 모여 입주 기념 바비큐 파티를 열었다. 입주 여부와 상관없이 공동체원 중 약 여섯 명 정도가 준비팀을 맡아주었다. 준비팀은 파티 몇 주 전부터 모여 역할을 나눠 고기, 채소, 양념장 재료, 그릇, 음료, 그릴, 숯, 집게, 석쇠 등 고기를 구워 먹을 때 필요한 것들을 구매했다. 대가족이 먹어야 하니 양도 참 많았다. 옥상에서 도봉산과 마을의 풍광을 배경 삼아 자연을 느끼며 가지려던 고기 파티는 당일 비가 내려 1층 주차장에서 해야만 했다. 모두에게 아쉬움이 컸기에 겨울이 지난 후 날씨가 괜찮은 날 다시 한 번 바비큐 파티를 열기로 했다.

2018년 6월에 열린 두 번째 파티 당일은 다행히 날씨가 좋았다. 첫 파티를 준비했던 준비팀이 다시 모여 아쉬웠던 부분을 보완해 좀 더 업그레이드된 파티를 준비했다. 2014년 80명 정도 되는 오늘공동체 식구 전원이 함께 갔던 태국 여행 때, 야외에서 열렸던 디너파티를 연상할 수 있는 분위기로 옥상을 꾸몄다. 지하에서 모임용으로 쓰던 테이블을 옥상으로 갖고 와 연두와 흰색의 격자무늬 보를 씌우고, 휴양지 분위기를 내기 위해 테이블마다 야자수 잎을 장식하고, 옥상 난간은 화려한 갈란드를 둘렀다. 그렇게 꾸미고 나니 동남아에 여행 온 것 같은 기분을 느낄 수 있었다. 좋은 날씨에 멋진 자연과 휴양지 느낌의 데코를 즐기며 숯불에 구워진 고기를 먹으니 더 맛있었고, 사람들과 파티에 푹 빠져들어 시간 가는 줄 몰랐다. 보는 즐거움, 먹는 즐거움, 함께하는 즐거움이 공존했던 행복한 파티였다.

파티 이후 이런 파티가 한두 번으로 끝나는 것이 아니라 정기적으로 반복되면 좋겠다는 마음들이 일치했고, 한 달에 한 번씩 바비큐 파티를 열기로 했다. 이미 1~4부족으로 구분된 은공1호 거주자 외 비거주자인 공동체원들은 거주지 주소와 구성원의 숫자를 고려해 5~7부족으로 나누어 총 7개의 부족이 돌아가며 파티를 주최하기로 했다. 파티 참가비는 식사비 명목으로 인당 5000원으로 정하고, 참가비 총액 이상으로 준비에 든 비용은 담당 부족과 공동체 공급으로 분담하기로 했다.

2017년부터 2년여 동안 매달 첫째 주 토요일 저녁이면 바비큐 파티를 열었다(코로나19 기간에는 진행하지 못했다). 아주 춥거나 더워서 옥상에서 못 할 때를 빼고는 거의 매달 한 것 같다. 일회성 입주 고기 파티로 시작된 바비큐 파티는 1부족에서 7부족으로 갈수록 콘셉트도 다양해지고, 파티 중간 공연을 하기도 하는 등 맛있는 음식을 넘어 사람들에 대한 애정을 표현하고자 하는 열의에 맞춰 발전해갔다.

2018년 7월, 부족이 준비하는 첫 번째 파티인, 1부족이 준비한 파티가 열렸다. 1부족은 부족회의를 통해 파티 콘셉트를 일본 이자카야로 정했고, 여러 번의 실습을 통해 메인 바비큐로 꼬치구이를 준비했다. 어른들 틈에 4~5세 아이들도 예외 없이 함께 준비하는 모습이 잔칫집 같았다. 여름철에 맞게 시원한 음료와 얼음을 직접 갈아 만든 빙수가 후식으로 나왔다. 1부족 사람들은 이자카야의 직원이 되어 파티에 참석하는 사람들에게 일본어로 인사를 하고 테이블로 안내를 했다. 이자카야에서 볼 수 있는 그림과 대나무 등으로 옥상을 꾸몄는데 정말 일본 어느 이자카야에 온 것 같은 분위기가 만들어졌다.

파티를 기획하고 준비하고 여는 일련의 경험이 없는 사람들이 대다수이다 보니 이런 과정을 수월하게 할 수 있는 시스템이 만들어졌다. 예를 들면 1부족이 준비하는 과정에 이전 바비큐 파티의 유경험자가 참석해 노하우나 보완점을 알려주며 도와주고, 다음 파티를 준비할 2부족에서 두 명이 경험을 쌓기 위해 도우미로 참여해 불 피우는 방식, 음식의 양, 1부족의 회의 방식 등을 경험하며 다음 바비큐 파티를 예습하는 것이다. 이런 시스템으로 부족과 부족이 서로 도와주고 도움을 받았다.

2부족은 옥상 난간에 해변을 연상할 수 있는 비치타월을 장식해 옥상을 해변으로 꾸몄고, 메인 요리로 장어와 여러 가지 생선을 구웠다. 2부족 파티는 해변에 놀러 온 느낌으로 만들어져, 돗자리를 펴고 여럿이 둘러앉아 파티를 즐겼다. 숯불에 생선을 굽는 것은 꽤 난이도가 있는 방식이었다. 불 조절이 관건이었는데 적당한 숯불 양과 생선의 익힘 정도를 테스트하느라 많이 고생했다.

3부족은 크루즈 여행 콘셉트로 옥상을 배 모형으로 만들어 일명 선상에서 즐기는 바비큐 파티를 열었다. 감바스, 멜론 카프레제, 이베리코 그릴구이, 푸딩 등이 갖춰진 코스 요리였다. 3부족 멤버들은 의상을 갖춰 선장과 부선장, 항해사와 웨이트리스, 요리사로 변신했다. 3부족은 요리 경험이 거의 없는 사람들이어서 어떻게 해야 할지 난감해했다. 그래서인지 2부족 파티가 기획될 때부터 서서히 준비를 시작했다. 늦은 시간까지 회의하고, 여러 번 음식을 만들어 테스트와 수정·보완을 했다. 긴 준비 시간만큼 결과물도 좋았다. 모든 요리가 5성급 호텔 코스 요

1. 꼬치구이부터 빙수까지 1부족이 문을 연 이자카야는 성대했다.
2. 2부족은 모두를 해변으로 데려가 숯불 생선구이를 대접했다.
3. 3부족 덕택에 크루즈를 타고 여행하듯 코스 요리를 즐겼다.
4. 정통 인도 요리에 인도 댄스까지 4부족의 정성은 섬세했다.
5. 하나하나 접은 기와처럼 그날 먹은 한정식은 공동체원을 생각하는 5부족의 마음이었다.
6. 옛날 대감집 잔칫날에 초대한 6부족은 마당극과 직접 빚은 화과자를 선사했다.
7. 일본 애니매이션 속으로 들어간 듯한 7부족 파티는 분위기도 음식도 황홀했다.

리 못지않았다. 그날 파티에 참석한 사람들은 1인당 10만 원도 더 될 것 같은 코스 요리라며 감탄했다.

다음은 내가 속한 4부족이 준비했다. 2018년 10월, 4부족이 여는 바비큐 파티 콘셉트는 인도식 요리였다. 인도 요리를 만들어본 적이 없기에 여러 인도 식당을 방문해 먹어보며 맛을 어떻게 낼지 음식 구성은 어떻게 할지 고민했다. 적어도 먹어본 음식과 비슷하게 하려고 부족원 몇몇은 요리학원에서 인도 요리를 배우기도 하고, 요리별로 팀을 나눠 각종 향신료를 조합하며 맛을 내기 위한 다양한 시도와 연구를 했다. 연습한 요리의 맛과 모양이 점차 나아지면 서로 환호하며 기뻐했다. 이런 과정을 거쳐 인도식 코스 요리를 완성했다. 인도 쿠키, 사모사, 치킨 탄두리, 달커리, 치킨마커리, 난, 짜이, 라씨, 펜넬씨 순의 코스였다. 음식 준비 외에도 파티 중 보여줄 공연(인도식 댄스) 연습도 짬짬이 했다. 파티를 위해 회의하고 준비하는 시간을 내기 어려울 때도 있었지만 그 과정은 서로 더 친밀해지는 일체감을 맛보는 시간이었다. 이 모든 과정이 잊지 못할 추억으로 남아 있다.

이어서 5부족은 한정식을 준비했다. 잣죽, 수삼 무침, 흑임자 샐러드, 전복 영양 돌솥밥, 해물탕, 구절판, 깨강정, 쌍화차 같은 메뉴들로 유명 한정식집 부럽지 않은 음식들이었다. 두꺼운 검정 종이로 기와 모형을 만들어 옥상 난간에 붙여 덕수궁 돌담길처럼 만들었는데, 주변 풍광과 어우러져서인지 한옥마을 골목에 있는 느낌이 났다. 옥상 난간 종이 기와 그 너머로 도봉산 자락에 노을이 지는 모습도 일품이었다.

6부족이 파티를 열 때는 12월이라 장소를 지하 씨앗홀로 옮겼다. 딤섬, 훠궈, 탕후르, 빠스 등을 만들었고, 펜더 분장이나 중국 전통의상을 입고 서빙을 했다. 중간에 포청천을 연기하기도 하고 코믹한 기예쇼를 해서 큰 웃음을 줬다. 천장엔 중국 느낌의 용을 달아 분위기를 달궜다. 이때 맛본 탕후르는 톡하니 터지는 투명 막과 과일 즙이 입안 가득 차면서 향이 번지는 그 느낌을 잊을 수가 없다. 6부족 파티 이후로 명동 거리나 해안가에 갔을 때 탕후르를 사서 먹은 적이 있다. 그런데 맛과 신선도가 비교할 수 없게 차이가 났다. 6부족의 탕후르가 정말 맛있었다는 것을 다시 느꼈다.

7부족은 겨울이 지나고 2019년 4월경 옥상에서 태국 음식을 준비해 파티를 열었다. 2014년 태국 여행 때 머물렀던 리조트에서 오늘공동체 여행을 반긴다는 현수막을 걸었는데, 그 문구와 비슷하게 하여 태국 여행 리조트에 도착한 느낌을 줬다. 태국 여행 사진을 모아놓은 포토존도 있었다. 7부족은 얌윤센, 코코넛 새우튀김, 똠얌꿍, 푸팟퐁 커리, 모닝 글로리 볶음, 녹남카타 같은 요리로 우리를 다시 한 번 동남아로 데려가 주었다. 또 중간공연으로 태국여행 때 있었던 공동체원들의 에피소드와 불쇼 공연을 준비해 큰 웃음을 주기도 했다.

5, 6, 7부족은 은공1호처럼 한곳에 모여 살지 않음에도 파티를 위해 시간을 내어 한 장소에 모여 회의를 하고 요리 연습을 하고 공연 준비도 했다. 정말이지 어느 한 부족 최선을 다하지 않은 부족이 없는 것 같다. 은공1호에서의 오늘공동체 바비큐 파티는 한 권의 책을 만들 수

파티에 등장한 음식은 어디서도 느낄 수 없는 최고의 맛을 선사했다.
준비하는 사람들의 정성과 사랑이 빚어낸 빛깔 고운 음식들이다.

있을 만큼 쓸거리가 많다. 내가 맛보고 눈으로 본 음식의 종류만 해도 100가지는 넘는 것 같다. 뭐든 진심을 다하는 공동체원들이지만 서로 행복해지는 일에는 더 열심인 사람들이다.

이렇게 1부족부터 7부족까지 준비한 일곱 번의 파티 덕분에 일본, 한국, 유럽, 인도, 중국, 태국 등 세계 각국 요리를 맛보았다. 5000원이라는 회비로는 파티에 오는 사람들이 미안해질 만큼 최고의 재료와 맛과 공연과 정성을 선물로 받았다. 큰 대접을 받다 보니 더 큰 대접을 해주고 싶은 마음이 생겨 파티 규모와 디테일이 끝을 모르게 점점 커져만 갔다. 그래서 다시 시작하는 1부족 파티부터는 회비를 1만 원으로 올렸다. 참가자들이 가지는 미안한 마음과 부족이 떠안을 재료비 부담을 줄여주고자 하는 취지였다.

각 부족이 파티 당일 소요될 재료비를 1인당 2만 원이 넘지 않도록 해보자고 했지만(100명이 오면 200만 원이 예산이 된다), 매번 재료비는 초과되었던 것 같다. 최고의 맛을 위해 좋은 재료를 사는 것에 주저하지 않기 때문이다. 또 완성된 음식과 음료를 예쁘게 담아내고 싶고 일회용품 사용을 줄이기 위해 그릇과 유리잔을 사기도 했다.

세계 여러 나라를 콘셉트로 파티가 열리다 보니 그릇들도 다양했다. 그동안 구매한 그릇들은 모양별로 박스에 정리해두어 다음 부족이 사용하기 편하게 했다. 파티가 끝나면 파티를 준비한 부족 식구들뿐만 아니라 파티에 참석한 모든 멤버들이 함께 뒷정리를 하는데, 따로 지휘·감독 없이도 순식간에 말끔히 된다. 또 남은 음식은 가져가고 싶은 사람들에게 나누어준다. 마무리까지 풍성한 파티다.

모두가 옥상에 모여 여유 있게 식사를 하고, 이야기를 나누다 보면 서너 시간이 금세 지나간다. 옥상에서 바라보는 하늘은 더 가깝고, 주변 경치는 계절의 변화를 느끼게 한다. 날씨가 좋을 때는 석양을 보기도 한다. 파티를 준비하는 사람들은 맛있게 먹으면서 웃고 얘기 나누는 사람들을 보며 행복하고, 파티에 참석하는 사람들은 준비한 사람들의 마음을 느끼며 행복하다.

그동안 열렸던 파티에는 공동체를 도와주신 분들과 마을 어르신들, 공동체원의 지인, 공동체를 경험해보고 싶어 하는 분들을 초대해 함께했다. 은공1호를 멋지게 지어주신 건축사님과 현장소장님, 목공 목수님 등이 첫 손님이었다. 고마운 마음을 담아 손편지를 써서 전하는 시간도 가졌다. 그 외에도 파티가 있을 때면 오늘공동체 외 10~20명 정도의 손님들이 늘 함께했다. 또 파티하기 전에 이웃 분들께도 조금씩 음식을 나눠 드렸는데, 그러면 이웃 분들도 뭔가를 꼭 나눠주셨다. 바로 답례를 하지 않더라도 나중에 농사지은 고구마, 깻잎, 호박, 갓 담은 김치를 나눠주시기도 한다. 음식을 서로 나누는 일은 어릴 적 살던 마을에서는 흔한 일이었다. 이곳 안골마을에서는 서로 나누는 정서 때문인지 마을이 더 정겹게 느껴진다.

파티를 통해 세계 식도락 여행을 한 느낌이 든다. 글을 쓰다 보니 이곳까지 발걸음을 하신 한 분 한 분 얼굴이 떠오른다. 함께한다는 것은 참 행복한 일이다. 서로의 마음이 모여 가능한 일일 것이다. 파티에서 여러 나라의 음식을 다룬 만큼 재료도 참 다양했다. 각 재료들은 누군가의 수고로 이 지구 어딘가에서 길러지고, 수확되고, 만들어지고, 은공1호까지 배달되었다. 작은 재료 하나도 함께하지 않고 만들어진 것이 없고, 어떤 요리든 함께하지 않고 완성되는 것은 없음을 느꼈다. 우리가 파티를 통해 배워나가고 있는 것도 함께 살아가는 것이라는 생각이 든다.

같이를 가치 있게 만드는 태도

종훈

섬김, 힘내서 집안일

　공동체를 이루어 사는 사람들이 가져야 할 덕목 중 하나는 공공성이다. 공공성은 자기중심성에서 의도적으로 벗어나야 가질 수 있다. 공공성이 충만한 사람은 별문제 없겠지만, 애초에 그렇지 않은 사람은 의지와 연습을 통해 공공성을 증대해야 한다. 공공성이라는 말을 좀 더 일상적인 말로 바꾼다면 '섬김'이라는 단어가 적당하겠다. 자기중심성이 강한 사람은 다른 사람을 섬기려는 의지와 연습으로 미약하나마 함께 살기에 적합한 인간형으로 변화될 수 있다.

　섬김은 희생이 아니다. 희생으로 여기면 마음에 온갖 역동이 생긴다. 나를 소진해서 상대방의 필요를 채운다는 생각은 고귀하지만, 나는 고귀한 인간이 아니다. 나만 일한다는 생각에 사로잡히기 십상이다. 그럼 얼마 지나지 않아 나만 손해 보는 것 같은 억울함이 들고, 상대방은 나의 수고로움을 빼먹는 괘씸한 존재로 여겨진다. '난 여유 있는 사람이다.'라며 대인배 흉내로 어느 정도는 꾹꾹 참아가며 지속해나갈 수 있지만, 얼마 지나지 않아 억울함은 견딜 수 없이 커져 함께 살기는 끝이 난다.

섬김을 한 가정 안으로 끌어오면 결국 집안일이다. 내가 여럿과 같이 산다고 했을 때 집안일 섬김이 중요하다는 걸 알았지만, 훈련이 잘되어 있지 않아서 막상 실천으로 옮기려 하면 할 일이 엄청 커 보였다. 같이 사는 사람이 먹고 정리하지 않은 설거지를 내가 대신할 때는 스스로 대단한 일을 했다고 느꼈다. 그 시간에 누워서 게임을 하거나 TV를 볼 수도 있는데 무거운 몸을 움직여 상상 초월의 에너지를 썼기 때문이다. 내 인생에 남을 위해 의지를 낸 일이 많지 않았기에 더욱 그랬다.

집안일은 늘 있어서 할지 말지를 갈등하는 순간이 일회성으로 끝나지 않는다. 매일 반복되는 전투 현장이다. 상대방의 고맙다는 말, 미안하다는 말은 이 전투에서 보급품 같은 역할을 하지만 다음 전투 현장에 가면 지기 일쑤다. 그런데 이런 전투에서 승리하는 위대한 용사를 봤다. 함께 사는 친구다.

일과를 마치고 녹초가 돼 돌아온 친구는 남아 있는 모든 집안일을 했다. 하릴없이 침대에 누워 있던 나는 미안함과 안쓰러움에 자리를 보전하고 있을 수 없었다. 자존심 때문에 고맙다거나 미안하다는 말을 하진 않았다. 외려 "아, 일 좀 그만하라고."라며 타박했다. 일 좀 그만하라

3부족은 모두가 모일 수 있는 늦은 시간에 청소를 한다.
청소가 더럽고 힘든 일이 아닌 건
오래된 이야기다. 서로의 안부를 확인하며 인사 나누는 시간이다.

는 말은 상대에 대한 안쓰러운 마음도 있지만 내가 미안하고 면목 없는 상태에서 벗어나고자 하는 지극히 자기중심적인 발언이기도 했다.

한바탕 집안일을 마치고 난 친구는 내가 상상한 억울함이나 소진됨, 희생되었다는 표정이 아니었다. 일을 마무리했다는 뿌듯함과 행복함을 느끼는 얼굴이었다. 그때 내 마음속에는 미안함과 민망함을 넘어 감동이 일었다. 그 친구는 한 번 반짝 의지 내는 게 아니라 매일 집안일을 반복하며 단 한마디의 불평도 없었다. 자기가 하는 일의 양을 다른 사람과 비교하지도 않았다. 오히려 함께 살아주어서 고맙다고 했다. 함

3부족의 청소 목록이다. 본인이 한 곳을 체크하면 다른 사람이 다른 곳을 청소하고
체크한다. 서로 더 많은 곳을 하려고 해 그만하라고 한 적은 있지만 하지 않아
곤란했던 적은 없다.

께 사는 삶에 자신이 뭔가 도움이 된다는 것에 뿌듯해했다. 그리고 아끼
는 사람들을 위해 집안일을 하는 것이 행복하다고 했다.

엄청난 섬김과 그것을 행복해하는 모습은 일회성이 아니고 함께
사는 내내 지속이 되었다. 나는 버틸 수 없었다. 적어도 그 친구가 집안
일을 할 때 누워 있던 자리에서 일어나게 되었다. 그리고 조금씩 손을
거들기 시작했다. 그 친구의 지속적이고 변함없는 에너지는 함께 사는
공간의 중심이 되었다. 볼일이 없으면 각자의 방으로 들어가 하고 싶은
일만 하던 나와 또 다른 멤버들은 그 친구의 건강한 에너지가 머무는 곳

으로 서서히 달라붙었다. 나는 그 친구를 통해 누군가의 섬김은 함께 사는 사람들을 서로 달라붙게 만든다는 것을 경험하게 되었다.

많은 사람이 누군가와 함께 즐겁고 행복하게 사는 그림을 꿈꾼다. 그럴듯한 건물, 아름다운 인테리어, 여유 있는 일상, 꿈꾸듯 웃음이 넘쳐나는 광고 같은 삶을 이야기한다. 은공1호를 방문한 분들도 이런 삶의 시작과 유지에 감탄한다. 그리고 부러워하며 비결을 묻곤 한다.

이 모든 분에게 섬김의 왕인 친구의 이야기를 소개해드린다. 그 친구가 보여준 섬김의 에너지가 흩어져 있던 사람들을 모았고, 그곳에 대화가 생겨났다고. 두런두런 나누는 이야기들이 함께 살아가는 맛을 깊게 한다고 말씀드린다.

일상의 혁명, 소소한 대화

많은 사람과 함께 살아간다는 이야기를 하다 보면 좋아 보인다, 외롭지 않겠다는 말을 많이 듣는다. 하지만 그만큼 사람 간의 부대낌이 있을 거라는 우려도 듣는다. 과거에 가족, 친척, 친구 혹은 직장 동료와 함께 생활하며 고생했던 사람은 확신하는 어조로 함께 사는 것은 피곤한 일이라고, 나만의 공간이 필요하다고 말한다. 단 몇 시간, 며칠은 가능할지 모르지만 계속 그렇게 사는 건 못 할 일이고 결국 파탄 난다고 이야기한다. 서로 사랑해서 만나 법적으로 묶인 부부도 성격 차이로 헤어지는 경우가 부지기수인데, 그보다 유지 동기가 적을 공동 생활은 더 말할 나위 있겠느냐는 말이다. 그런 우려에도 공동 생활은 장기간 유지되고 있다. 시간이 갈수록 더 행복해지면서 그 힘이 뭘까에 대해 개인적으로 겪었던 일에서부터 이야기를 시작해보려 한다.

결혼한 지 8년쯤 되었을 때다. 부부관계가 여러 위기를 지나다가 아내가 이혼을 염두에 두고 있을 정도로 심각한 상태에 봉착했을 시기였다. 아내는 대화가 잘 안 되는 나를 보면서 벽을 대하는 느낌이라고 힘들어했다. 나도 해결하고 싶었지만 어떻게 해야 할지 막막했다. 이런 시기에 공동체 모임에서 누군가 이런 이야기를 했다.

"반복되는 일상 이야기, 특히 직장 이야기는 비생산적이라고 생각해요. 매일 똑같은 이야기를 해서 무슨 소용이에요, 새로울 것도 없는데. 제 직장 이야기도 안 하고, 상대가 직장 이야기를 하면 듣긴 하지만 관심이 가지 않고 재미도 없고 에너지만 소진되어 힘들더라고요."

나도 비슷한 생각을 하고 있어서 공감했다. 그런데 멘토의 피드백은 전혀 달랐다.

"대화에서 일상을 빼면 대화가 어렵습니다. 일상을 이야기하며 작은 차이들을 발견하고, 묻고, 그때의 마음을 짚어갈 때 대화가 행복한 것이지요. 대단한 사건이 아니라 삶에서 일어나는 이야기들을 소소하게 나눠가는 것, 그것이 관계를 행복하게 하는 중요한 부분입니다."

이 말은 나를 크게 각성시켰다. 우리 대화 패턴은 주로 아내가 이야기하고 나는 듣는 역할이었다. 학원 강사로 있는 직장 이야기도 선생님들 이야기만 가끔 하고 가르치는 학생들 이야기는 거의 하지 않았다. 다른 모임이 있었다고 해도 아내가 모임이 어땠냐고 물으면 "그저 그랬어." 정도의 피드백이 전부였다.

하지만 이날부터는 아내에게 조곤조곤 이야기했다. 내 일상에서 주 스트레스는 학생들이었다. 조는 학생, 수업 시간에 딴짓하는 학생…. 전에는 '아내가 이 학생들을 아는 것도 아니고 해결해줄 수도 없는데 이야기를 해봐야 뭐 하겠나.'라는 생각이었다. 스스로 대화 주제를 좁힌 것이다. 마음을 바꿔 먹고 에너지를 내서 입을 열었다. 학생 이름과 특성, 불만까지도 이야기했다. 직장뿐만 아니라 어느 모임에 다녀오면 무엇을 먹었는지 어떤 이야기가 진행되었는지도 이야기했다. 잘 기억이 나지 않는 부분도 노력해서 끄집어냈다. 내가 평소 기억력이 안 좋은 거라고 생각했는데, 그게 아니라 기억하려고 하지 않았던 것이었구나를 느꼈다. 애쓰니 기억이 나고, 그만큼 이야기는 풍성해졌다.

퇴근하고 오면 꾸준히 이야기했고, 그러면서 아내도 차츰 달라졌다. 한번은 아내가 어딘가를 다녀온 뒤 몸이 피곤해 거실에 널브러졌다. 그때도 나는 옆에서 이야기했다. 그러자 신기하게도 아내가 서서히 살아나는 느낌을 받았다. 아내가 너무 피곤한 상태였던지라 "이야기를 그만할까?" 물었더니 아내가 아니라고 하기에 우리는 식탁으로 옮겨 대화를 이어갔다. 대화가 몸에 에너지를 준 것이었다.

내 좁은 틀에 갇혀 자유롭지 않던 대화가 모든 주제로 확장되었다. 나는 정신적인 자유로움을 느꼈다. 아내도 대화해가면서 '이 사람과 대화가 가능하고 최소한 나의 이야기를 들어줄 수 있는 사람이구나?'라는 생각이 들어 이혼 결심을 철회했다. '소소한 대화'라는 특효약 덕분에 부부관계가 좋아졌다. 내겐 혁명이 일어난 것 같은 큰 경험이었다. 이 뒤로도 작은 갈등들이 있지만 서로 이야기하면서 해결해갈 수 있는 신뢰와 힘이 생겼다.

이런 소소한 대화의 원칙은 함께 사는 공동체 생활에도 적용된다. 우리는 만나면 외모에 대한 언급이나 가십은 배제하고 대신 서로의 일상과 마음에 집중한다. 상대 이야기를 끝까지 들어주려고 하고, 내 마음대로 판단하지 않으려고 노력한다. 상대방의 삶을 이해하고 공감하는 데 집중하면서 깊은 관계를 향해 가는 것이다. 소소한 대화가 부부간의 삶을 바꾼 것처럼, 함께 사는 구성원 간의 관계도 바꾸고 있다. 몇 십 년 동안 따로 살았던 다른 존재들이 마음을 나누고 서로를 이해하면서 피붙이보다 더 진한 우애를 가지는 것이다.

대화는 관계에서 매우 중요한 부분을 차지한다. 사람이 만나면 대화는 필연적으로 따른다. 문제의 발생도, 해결도 대화로 이뤄진다. 대화를 피하고서는 좋은 관계 맺기도 불가능하다. 누군가와 함께 살기로 마음먹었다면 대화하는 게 피곤하고 어렵다 할지라도 차근차근 시도해봄직하다. 소소한 대화를 통해 변해가는 자신과 좋아지는 관계를 느낄 것이다. 일상의 혁명은 멀리 있지 않다.

비움이 주는 행복

지금부터 이곳 공유주택에서 경험하는 낯선, 하지만 이제는 익숙한 미니멀 라이프에 대해 말하고자 한다. 말하기 전에 잠깐 입주 전 내 삶의 모습이 어떠했는지 소개하는 것이 좋을 것 같다.

나의 이전 삶은 32평 아파트로 대변되는, 정형화된 삶의 모습 그대로였다. 거주 아파트는 내가 그럭저럭 살고 있다는 내 삶을 대변해주는 것만 같았다. 아파트를 구했으니 이제는 거실과 안방 그리고 보이지도 않는 수납공간을 온갖 가재도구와 살림살이로 가득 채워줘야 한다. 이를 보면서 풍족함을 느끼고 잘살고 있다는 증거물로 여겼다. 새 살림살이를 들여놓을 때면 그것을 주문할 때부터 배송이 오는 순간까지 설레고 무언가 충족되는 것처럼 느꼈다.

그러나 그 충족감은 이내 사라지고, 충족감 너머에 무언가 텅 빈 듯 공허함이 찾아왔다. 이 공허함을 채우기 위해 다시 다른 무언가를 사고 살림살이는 계속 늘어갔다. 나중에야 안 사실이지만 사실 내가 느낀 충족감이라는 것은 소비가 안긴 지속가능하지 않은 만족 또는 찰나적 위안에 불과했고, 가득한 가재도구들은 공허한 삶을 가리는 장식품일 뿐이었다. 더욱 놀라운 것은 신혼 이후 아파트 평수가 늘어난 만큼 내 행복지수는 이에 반비례해 줄어들었다는 것이다. 32평 아파트와 채워진 가재도구들은 내 행복과는 아무 상관이 없었다.

진짜 행복을 찾고자 나와 가족은 은공1호에 입주하기로 하였고, 수많았던 가재도구는 일거에 버려져 이제 짐이라곤 한 칸 방 붙박이 옷장에 들어갈 만큼만 남겨졌다. 이사를 하던 날 그동안 축재해왔던 가재도구들이 하나하나 버려질 때마다 그동안 쌓아온 내 삶도 같이 버려지는 것만 같았다. 사적 공간은 잠자는 방 하나로 최소화되고 공용공간이 극대화된 구조로 설계된 은공1호에서 나는 과연 여러 사람과 어울려 잘 살아갈 수 있을지 두려움이 앞선 채 공동체 생활을 시작했다.

5년여가 지난 지금은 아이러니하게도 좁아진 내 사적 공간에 반비례하여 행복지수가 올라가고 있음을 느낀다. 가재도구들로 채워졌던 예전의 빈자리는 창 한가득 도봉산이 들어오는 공용거실에서 모두 함께하는 아침 식사로, 옥상 카페에서 향기로운 차를 마시며 사람들과 함께하는 나눔으로, 1층 카페에서 원두 향 가득한 갓 내린 커피를 놓고 주고

받는 웃음으로 조금씩 채워지기 시작했다. 채워지고 있는 것은 전에 느꼈던 '물욕을 채우는 순간의 충족감'이 아니라 이제껏 누려보지 못했던 사람과의 관계에서 오는 '깊고 진한 교감'이었다.

어떻게 이런 게 가능했을까? 그것은 사적 공간을 최소화하고 공유 공간을 극대화한 은공1호 설계 때문이었다. 방에서 나오면 자연스레 사람들이 모여 있는 공유거실을 만나게 되고, 이러한 은공1호의 거실 네 개는 또다시 중앙 계단을 통해 모든 공간과 연결되어 있다. 연결된 공간 속에서 사람들은 자연스레 삶을 공유하게 된다.

나는 작은 방 하나만을 가지게 된 대신에 각기 다른 특색의 거실 네 개를 가지게 되었고 카페, 다락책방, 운동실, 공부방, 댄스 연습실 등 모든 것을 덤으로 누릴 수 있게 되었다. 방에 있기보다는 공유거실에서 사람들과 삶을 나누고 맛있는 것을 나누어 먹으며 웃고 떠드는 생활이 좋아졌다. 지친 퇴근길 후 유일한 힐링이기도 하다. 물론 책 읽기나 내 사적 활동도 공유공간 어디에서나 가능하다. 공유공간에서의 사적 활동도 너무 자연스럽게 스며들어 굳이 사적 활동과 공유 활동의 경계도 의미가 없어졌다. 이제 나의 방은 잠자는 공간으로서의 기능 외에는 딱히 역할이 없다.

방 한 칸으로 어떻게 살아갈 수 있을까? 나의 미니멀한 삶을 소개해본다. 방 안에는 침대와 붙박이 옷장 두 개(그중 1/4칸에만 옷이 걸려 있다), 속옷 등을 넣는 서랍 한 칸이 있다. 주 5일 출근할 수 있는 와이셔츠 5벌 등 출퇴근 복과 주말 외출복 및 외투 몇 벌, 양말이 옷의 전부다. 추가로 침대 밑에는 수납이 가능한 서랍형 침대 프레임을 두어서 각종 생필품, 계절 이불 등을 넣어둔다. 이것이 개인 물건의 전부이며 놀랍지만 살아가는 데는 전혀 지장이 없다.

처음에는 사실 이것만으로도 살 수 있다는 것에 나도 적잖이 놀랐다. 미니멀 라이프에 익숙지 않던 입주 초기에는 버리지 못한 물건을 차 트렁크에 실어놓고 꺼내어 쓰곤 했었는데, 지금 차 트렁크에는 아이들 인라인스케이트만 보관되어 있을 뿐이고 이도 곧 버릴 예정이다. 세탁기, 냉장고, 전기밥솥 같은 전자제품은 물론 세제, 휴지, 식기, 비상약, 음

개인 방의 짐은 간단하다. 계절마다 입을 옷들과 이부자리만 있으면 충분하다.
4부족 선애&연화 방은 은공1호에서도 미니멀리즘을 실천하는 방으로 유명하다.

식, 커피 같은 살아가는 데 필요한 모든 것들은 공용으로 구비해 사용한다. 지금 읽고 있는 책이나 공부하는 서적 두세 권만 내 방에 있으면 되고, 입주 전 각자가 보유했던 책들을 도서관 콘셉트의 4부족 거실 새벽 북카페와 1부족 다락의 별빛책방에 모아 다양한 책들을 접할 수 있게 됨으로써 미니멀리즘과 풍요로움을 동시에 추구할 수 있게 하였다. 한 달에 한 번 등산야유회를 가고 해외여행을 즐기는 공동체원의 필요를 반영하여 캐리어와 등산 장비를 보관하고 계절 옷도 보관할 수 있는 지하 씨앗홀 천장 수납공간도 있다. 은공1호는 미니멀 라이프를 구현할 수 있는 최적의 공간으로 구성되었고, 입주 때 가진 방 한 칸의 삶을 살 수 있을까에 대한 두려움은 기우에 불과했다.

그런데 살고 보니 미니멀 라이프가 가능했던 것은 비단 최적화된 공간 설계와 공유의 힘 때문만은 아닌 것 같다. 기쁜 일이 있을 땐 나누고, 슬픈 일이 있을 땐 위로 받으며, 좋은 곳을 함께 보고 같은 추억을 공유할 수 있는 사람과의 관계에서 오는 따뜻함과 안정감이 내 미니멀한 삶을 꽉 채워주는 소중한 자산이다.

비우니 채워졌다. 비우는 것은 용기가 필요하지만, 무엇으로 채울지는 나의 선택에 달려 있다. 전에 살던 아파트 크기만큼 비워낸 내 현재 삶은, 전과는 비교할 수 없을 만큼 행복으로 가득 채워져 있다. 내일 나의 삶이 무엇으로 더 채워질지 알지 못하지만 어쨌든 오늘 하루도 행복 한 개가 더 채워지는 것만큼은 분명하다. 더 비워야 할 이유이다.

4부

은공1호, 무엇이든 물어보세요

2018년 은공1호는 제36회 서울특별시 건축상 최우수상과 한국건축 문화대상 우수상을 수상했습니다. 서울시 건축상은 건축의 공공적 가치를 구현하며 시민의 삶의 질을 향상시킨 우수한 건축물과 공간환경을 장려하기 위한 상이고, 한국건축 문화대상은 건축의 본질과 이 시대의 정서, 기능성이 구현된 건축물을 발굴하여 시상하는 건축제전입니다.

은공1호가 수상한 이유는 크게 세 가지로 정리할 수 있습니다. 첫째, 공동체의 새로운 삶의 공간을 창안한 건축가의 치열함과 열정이 도드라진 부분입니다. 둘째, 네 개 부족을 염두에 두고 마련된 집의 거주공간과 공유공간을 혁신적으로 나누어 구성하였고, 적절한 층별 배분이 돋보인다는 것입니다. 마지막으로 곳곳의 작은 공간을 외부 공간과 연결하여 가용할 공간 면적을 넓혀 단위공간의 밀도를 낮추었다는 점입니다.

상을 염두에 두고 지은 집이 아니었는데 좋은 평을 받았습니다. 설계 단계부터 건축사와의 소통은 공간을 다양하게 꾸밀 수 있게 해주었습니다. 살면서 나올 수 있는 다양한 개개인의 필요를 머리를 맞대고 충분히 고민했고, 그 결과물이 은공1호입니다.

입주자들은 완성된 공간을 각자의 삶으로 채웁니다. 소중한 삶들이 모여 은공1호는 2017년 완공 이후 현재까지도 외적·내적으로 건강한 상태를 잘 유지하고 있습니다. 부족살이 살림이 개개인 경제에 보탬이 되고, 넓은 공유공간에서 개인의 잠재력을 키웁니다. 기본적인 의식주가 안정이 되자 각자의 삶은 더 풍성해지고, 서로 좋은 영향을 주고받습니다.

4부에서는 앞에서 다 말하지 못한 생활 밀착형 이야기를 꺼내놓습니다. 주거비와 생활비라는 가장 중요한 내용부터 화장실, 세탁실, 창고 등 보이지 않지만 생활에서 매우 중요한 공간을 활용하는 법도 소개합니다. 입주자 몇 명을 초대해 공유주택에서 사는 삶이 어떤지 직접 물었습니다. 또한 갈등을 해결하는 방법처럼 공유주택을 준비하는 사람들에게 도움이 될 팁들을 모아 정리했습니다. 함께 사는 삶을 준비하는 분들에게 유용하게 쓰이길 바랍니다.

1

건축과 살림살이

생활 팁

공동세탁과 공동수납 요령

　은공1호를 건축하면서 고민해야 할 문제는 하나둘이 아니었다. 넓지 않은 공간에 많은 사람이 어울려 살아야 하기 때문이다. 세탁, 수납 같은 문제들은 생활과 매우 밀접하게 연결되어 있어 이러한 문제가 슬기롭게 해결되지 못하면 그 안에서 생활하는 사람들에게 큰 불편을 초래할 수밖에 없다. 많은 토론이 있었다. 이러한 경험이 혹시 공유주택을 지으려는 사람들에게 조금이라도 도움이 되었으면 하는 바람에 우리가 선택한 방법을 정리해본다.

세탁과 건조

은공1호에는 40여 명이 생활한다. 이 많은 사람들이 매일 빨랫감을 생산해낸다. 그 양은 실로 어마어마하다. 그래서 건축 초기에는 전담자를 두어 세탁과 건조를 담당하게 하는 방법을 모색하기도 했다. 하지만 세탁을 전담하는 사람이 있다 해도 그 많은 빨래를 건조하는 것이 가장 큰 문제였다. 보통 4인으로 구성된 가족이 일반적으로 생활해도 발코니는 늘 건조 중인 빨래들로 가득한 것을 보면서 대략 건축 이후의 모습이 상상되었다. 조금이라도 빈 공간이 있다면 각자의 빨래를 건조하기 위해 개별 건조대를 펼치고 접고를 무한 반복해야 할 것이 뻔했다. 편안한 휴식과 대화를 위해 정성을 기울여 만든 거실이 사람들을 위한 공간이 아닌 빨래 건조를 위한 공간으로 사용될 수밖에 없는 상황이었다. 무언가 특단의 조치가 필요했다.

이러한 고민을 해결하기 위해 전격적으로 도입된 것이 의류건조기이다. 사실 건조기를 도입하자고 결정을 내렸지만, 유지비용에 대한 부담과 건조 시 옷이 줄거나 상할 수 있다는 회의적인 시각도 있었다. 하지만 실제로 사용하면서 느끼는 만족도는 상상 이상이며 정말 최상이다. 어쩌면 건조기는 공유주택을 위해 개발된 것이 아닐까 하는 생각이 들 정도로 공간활용 및 생활방식을 혁신적으로 바꾸어주었다. 건조 중인 빨래들이 없으므로 모든 공용공간의 주인은 오롯이 사람이 될 수 있었고, 그 모든 공간에서 소그룹 활동이, 취미활동이, 개별적인 수다가, 부족원들의 생일파티가 매일매일 벌어졌다. 각 거실은 본래의 기능에 맞추어 200% 활용되고 있다.

은공1호에는 부족별로 세탁실 및 건조실이 별도로 마련되어 있다. 그 외에도 지하 공유공간 중 특히 식당에서 나오는 빨래를 위해 별도의 공용세탁기와 건조기가 있다. 은공1호 내 모든 세탁기와 건조기는 공동체원 모두가 사용할 수 있다. 1부족과 4부족 세탁실에는 개인별로 빨랫감을 보관할 수 있는 공간이 있고, 2부족과 3부족은 그런 공간이 확보되지 않아 개인방에서 따로 보관한다. 세탁, 건조, 정리가 빠르게 이루어져 빨래를 건조할 때 발생할 수 있는 시큼한 냄새도 없다. 건물 전체가 쾌적할 수밖에 없다. 미관상으로도 정리되어 있지 않은 느낌이 전혀 없다. 언제나 손님이 방문해도 미뤄둔 빨래를 한쪽 구석으로 치우거나 건조 중인 빨래를 보이지 않게 정리할 필요도 없다. 건조기 하나가 생활 패턴 자체를 변화시킨 것이다.

건식화장실

은공1호에는 10개의 공용화장실과 14개의 개별화장실이 설치되어 있다. 공용화장실은 말 그대로 누구나 편하게 사용할 수 있고, 개별화장실도 경우에 따라서는 그 방 입주자가 아닌 사람들도 사용 가능하다. 이렇게 많은 개별화장실이 설치된 것은 샤워 후 편하게 개별공간을 이용하고자 하는 사람들의 요구가 적극적으로 반영된 결과이다.

이 많은 화장실은 모두 건식이다. 건식화장실이라 함은 언제든 양말을 신은 채로 편하게 화장실을 드나들 수 있는 화장실을 말한다. 그래서 따로 슬리퍼가 준비되어 있지 않다. 그래도 불편함은 전혀 없다. 바닥이 늘 뽀송뽀송하기 때문이다.

보통의 화장실은 늘 습기에 노출되어 있다. 그렇다 보니 눅눅함과 약간의 냄새는 감안해야 한다. 슬리퍼 바닥에 꾀죄죄하게 끼어 있는 곰팡이는 보는 사람의 눈살을 찌푸리게 한다. 당연히 건강에 좋을 수 없는 환경이다. 혹시라도 급하게 화장실에 들어갔다가 양말을 버리는 낭패를 보는 것은 별로 특별하지도 않은 경험이다.

우리가 건물 전체를 건식화장실로 사용하려 한 이유는 그 중심에 사람이 있다. 물론 그 사람은 내가 아닌 타인, 즉 함께 사는 다른 사람을 뜻한다. 많은 사람이 별로 넓지 않은 공간에서 함께 살아가는데 나의 편리함만을 생각하고 타인을 배려하지 않는다면 그 공간은 금방 지옥으로 변할 것이라는 확신이 있었기에 가능한 일이기도 했다.

도입 초기 약간의 어색함과 익숙하지 않음으로 인해 갈등이 없었던 것은 아니다. 누구는 예전의 방식대로 슬리퍼를 두고 쓰기를 원했고 실제로 그렇게 생활을 하기도 했다. 하지만 나의 작은 수고(예컨대 샤워 후 바닥이나 벽면을 샤워한 수건으로 말끔히 정리하는 것)가 함께하는 모두의 건강과 사용하는 공간의 쾌적함을 더하는 것이기에 건식화장실 사용은 버릴 수 없는 가치였다. 실제 생활하면서는 예전의 화장실보다 훨씬 사용하기 편리하다는 평가가 대부분이다. 생활 속 작은 습관을 하나 바꾸는 것이 함께 살기 위한 준비의 시작이기도 하다.

공동수납(여행 창고, 계절 옷방)

수납은 건축 초기에 큰 고민거리 가운데 하나였다. 미니멀리즘을 주창하며 불필요한 물품을 상당 부분 버리거나 주변 지인에게 나누어 주기도 했지만 그래도 개별공간의 수납공간은 부족하기만 했다. 그래서 도입된 것이 공동수납 개념이다. 개별적으로 보관할 때 공간을 많이 차지하는 물품을 특정 공간에 함께 보관함으로써 수납의 효율성을 높이고 공간의 활용도를 극대화하고자 고안된 것이다.

은공1호에는 여행 창고인 '다니고'와 계절 옷방인 '바꾸고'가 공동수납 개념으로 비치되어 있다. '다니고'에는 여행용 캐리어나 등산 장비 등 자주 사용하지는 않지만 여행이나 여가를 즐길 때 반드시 필요한 물품을 함께 보관한다. '바꾸고'는 계절이 바뀔 때마다 입지 않게 되는 부피가 큰 옷들을 보관하는 창고이다. 자주 입는 옷은 각 방에 설치된 붙박이장에 보관하고, 입지 않는 옷은 상자에 넣어 이곳에 보관하는 방식이다. 창고 안에는 제습기를 가동하여 습기로 인한 물품의 손상을 방지한다. 관리 방식은 간단하다. 창고 안을 부족별로 구분하고, 각 부족은 개인별로 위치를 지정한다. 그리고 개별적으로 같은 크기의 보관함(800×500×600mm)에 개인 물품을 넣어 보관한다. 창고는 언제나 출입할 수 있고, 개인이 필요할 때마다 보관하는 물품을 바꾸어가면서 보관하면 된다. 사실 두 창고 모두 그다지 크지 않다. 하지만 만족도는 매우 크다. 쌓아서 보관하다 보니 작은 공간에도 꽤 많은 물품을 보관할 수 있다. 모여 살다 보니 작은 공간도 최대로 활용하고, 누릴 수 있어 좋다.

경제 팁

공동생활비, 적게 내고 많이 누리다

주택 임대료

은공1호는 주택협동조합 은혜공동체 법인 소유이며, 가구별 임대 형식으로 계약되어 있다. 주택 임대료의 형태는 전세가 기본이며, 주택 임대차보호법이 정한 전환 산정률로 반전세 또는 월세로도 전환할 수 있다. 또한 각 가구는 동일한 주택 면적을 사용하더라도 서로 다른 임대료를 지불한다. 이는 주택 임대료를 책정하는 방식 때문인데 총 사업비 중 주택분을 삼등분해서 세 가지 임대료 항목을 만들었다.

첫째로, 각자의 방에 딸린 화장실 유무와 면적 차이에 따라 책정되는 점유 면적 비례 임대료이다. 대부분의 방 면적이 비슷하나 위치에 따라 조금씩 다르기도 하고, 화장실이 딸려 있는 방과 그렇지 않은 방이 있다.

두 번째 기준은 공유공간에 관한 임대료이다. 이것은 모든 부족원에게 동일하게 적용되는 임대료이다. 입주자들은 개인 침실 외에 1층부터 옥상까지 전 공간을 공유한다. 부엌과 거실, 공부방, 공용화장실, 파우더룸, 다용도실, 1층 카페, 다락의 티룸, 만화방, 옥상 등이 포함된다. 그 전체 공용 면적을 부족별 거주자 인원으로 1/n하여 임대료를 책정한다.

세 번째는 각 구성원 개인의 연소득에 따라 차등적으로 부가되는 소득 비례 임대료이다. 돈을 많이 버는 사람은 더 많은 임대료를, 적게 버는 사람은 적은 임대료를 내자는 취지이다. 이 세 가지 임대료를 더해 세대별 임대료를 산정했는데 소득 비례 임대료 항목에 의해 동일 면적을 사용하더라도 임대료가 달라지게 되었다. 나의 경우 룸메이트와 한 방을 쓰고 있는데 같은 면적을 차지하고 있으니 일반적으로는 둘이 동일한 임대료를 내는 것이 타당하겠지만, 소득 비례 임대료에서는 각자에게 책정된 임대료가 달라진다.

부족회계

각 부족마다 부족장, 부족회계, 그리고 부족 공용계좌가 있다. 나는 4부족의 회계로서 우리 부족에서 필요한 공동생활비를 모으고 지출하는 업무를 담당하고 있다. 주로 지출하는 내역으로는 식자재, 생필품, 공과금 등이 있다.

카톡에 부족회계 방을 따로 개설하여 서로 소통하는데, 부족원들은 사전에 부족회계 방에서 부족원들의 동의를 받아 비용을 청구한다. 부족회계 담당은 그 청구 비용을 수시로 처리하여 부족회계 카톡방으로 보고하고, 매달 초에 지난달 공동생활비 지출 내역을 정산하여 보고한다. 회계 감사는 따로 없다. 서로에 대한 신뢰를 바탕으로 하기 때문이다.

부족원들 중 특별한 비용 지출, 예컨대 제철 과일 및 건강식 등을 원하는 사람은 다른 부족원들의 동의를 얻어 자신이 직접 사고 부족회계 담당자에게 그 비용 정산을 청구한다. 이때 부족원들의 동의를 얻는 과정에서 부족회계는 그 구매비용이 부족의 공동생활비 운영에 무리가 되지 않을지를 검토해준다.

공동생활비

4부족 구성원들은 전세 또는 월세 형태의 주거비와는 별도로, 1인당 매달 15만 원의 공동생활비를 걷는다. 부족원은 모두 열한 명이어서 부족의 한 달 공동생활비는 총 165만 원으로 운영된다.

부족의 공동생활비로 지출되는 항목에는 식재료, 전기·가스·수도 요금, 공용화장실용품, 공용세탁실 및 주방용품, 조합관리비(부족 거주공간 외의 공유공간-예컨대 카페, 식당, 티룸, 엘리베이터 등-에서 발생하는 비용을 부족 단위로 주택협동조합에 납부하는 비용), 파티비(부족 파티, 공동체 바비큐 파티) 등이 있다.

매달 부족 공동생활비 예산 165만 원의 항목별 지출 규모를 보면,

공과금 및 관리비 등의 고정비용에 대략 80만 원, 생필품에 10만~20만 원, 식자재에 50만 원, 파티비용에 10만~20만 원 정도 지출된다. 그 밖에 부족원들이 누군가를 돕고 싶을 때는 모두의 동의를 얻어 부족의 이름으로 후원금을 전달하거나 선물을 사기도 한다.

식자재비

4부족의 경우 대체로 공동 식자재비로 월 50만 원 정도를 지출한다. 공동 식자재로 장만하는 물품은 부족원들의 합의로 늘 정해져 있다. 일상식 재료에 부족원들의 요구에 따라 특별식이 추가된다. 열한 명이 한 달에 1인당 5만 원이 안 되게 지출하는 것이다. 이 금액으로 매일 세 끼니를 해결할 수 있으니 정말 적은 액수이다.

어떻게 이런 일이 가능한 것일까? 그렇다고 우리 부족이 유별나게 덜 먹지는 않는다. 남들 먹는 만큼 다 먹는데도 이렇게 적은 돈이 공동 식자재비로 지출되는 비결은 1인 가구의 사례와 비교해보면 쉽게 알 수 있다. 혼자 사는 사람 대부분은 음식의 1/3을 버린다고 한다. 거기다 버리지 않을 요량으로 소량을 사는 순간 단가는 높아지기 마련이다. 반면, 11인 가구인 우리에게 음식이 남아서 버리거나 하는 일은 거의 없다. 냉장고와 식탁에 음식이 있을 경우, 누군가는 먹어치운다. 따라서 음식이 효율적으로 소비되는 셈이다. 또 대량구매가 가능한 만큼 단가도 낮아져 저렴하게 구매할 수 있다.

물론 먹거리에 대한 취향이 서로 다를 수 있고, 그럴 땐 재료비 지출을 놓고 토론이 있을 수 있다. 가령 누군가가 '내가 먹지 않는 우유를 부족 공동생활비로 왜 이렇게 많이 사느냐?'고 문제 제기할 수도 있을 것이다. 그러나 아직까지 이런 문제는 없었다. 청소년이 좋아하는 인스턴트식품의 경우 어른들은 잘 먹지 않는다. 반면에 어른들이 자주 먹는 건강식을 청소년은 먹지 않는다. 부족원 각자의 기호를 파악해 그에 맞는 식자재를 구입하려고 노력하기 때문에 공동구매하는 식자재가 다양한 편이다. 그래서 누군가는 경제적으로 손해를 본다고도 할 수 있지만, 경제적 손해보다는 어울림의 가치가 더욱 소중하다고 생각하기 때문에 그런 문제에 대해 별로 개의치 않는다.

내가 안 먹지만 누군가 그것을 먹으며 즐긴다면 그것으로 만족한다. 나 같은 경우에도 내가 안 먹더라도 청소년들이 좋아하면 더 사주고 싶은 마음이 있다. 이는 피 한 방울 섞이지 않았지만 부족원들을 나의 가족이라고 생각하기에 자연스럽게 생기는 마음이기도 하다. 네 것, 내 것을 따지지 않는 것과 같다. 한가족 안에서 식성이 서로 다르다고 해도 하나의 공동회계로 식자재 비용을 처리하는 것과 같은 이치인 것이다.

파티비

부족의 공동생활비 가운데 파티비용은 파티를 즐기는 공동체의 분위기가 반영된 것이다. 파티는 다양하다. 먼저 한 달에 한 번 정기적으로 여는 부족모임이 있다. 이것은 부족회의 겸 친목모임인데 파티 수준으로 음식을 준비한다. 그 밖에 간혹 외부 손님이 부족을 방문하면 환영회, 송별회를 빙자한 파티가 열린다.

　부족이 준비하는 가장 큰 파티는 단연 바비큐 파티이다. 은공1호에 거주하는 4개 부족과 공동체 인근 동네에 거주하는 3개의 부족, 이렇게 총 7개 부족이 달마다 돌아가며 파티를 맡는다. (자세한 소개는 274~285쪽 참조)

　바비큐 파티는 오늘공동체에서 매우 소중한 의미를 지닌다. 배려와 섬김을 실천해갈수록 시너지가 발생하는 것을 목격하는데 이 파티 또한 그 한 예이다. 달마다 파티가 거듭되면서 다른 부족으로부터 성대한 대접을 받을수록, 갑절로 보답하고 싶은 마음이 든다. 그런 마음이 커지다 보니 바비큐 파티가 점점 더 성대해지고 있다. 그러하기에 한 부족당 해마다 1회 또는 1.5회 책임져야 하는 바비큐 파티를 위하여 각 부족이 자기 부족의 공동생활비에서 1회당 총 250만 원(본 행사 및 준비비)을 부담하는 것이 용인된다. 즉 바비큐 파티라는 커다란 행사를 위해서라면, 한 해에 1인당 10만~20만 원 정도 부족 공동생활비를 기꺼이 추가로 지불하는 것이다.

　함께하는 까닭에 절감되는 그 밖의 경비

　공동체 내부에는 자연스럽게 형성된 나눔 문화가 있다. 안 입는 옷과 생필품 등 갖가지 물건들이 단체 채팅방에 올라와 새로운 주인들을 만난다. 일종의 내부 바자회가 일상적으로 열린다.

　다양한 재능과 직종의 사람들이 함께 살고 있고 취미활동을 위한 공간이 많다 보니 집에서도 배움이 용이하다. 요가, 커피, 피트니스, 피아노, 댄스, 꽃꽂이, 영어 등의 수업이 내부 선생님들에 의해 진행되고 있다. 이는 가르치는 선생님이나 배우는 사람들 서로에게 도움이 된다. 이동 비용과 이동 시간이 필요 없고, 더구나 저렴하기 때문이다. 돈과 시간 양 측면에서 절약하면서도 구성원들은 큰 문화적 혜택을 누리고 있다.

내부에 선생님이 없더라도 외부 선생님이 은공1호로 직접 와주신다. 현재 외부 선생님은 보컬, 기타, 베이스기타, 드럼, 바이올린, 첼로, 비올라, 플루트, 클라리넷, 일본어 등으로 다양하다. 각 선생님은 한 번 오실 때 다수 학생을 차례로 만나니 동선과 시간이 절약되고, 그만큼 일반적인 레슨비보다 적은 비용을 받는 것이 가능해진다. 학생들은 이 구조 덕택에 시중가보다 저렴하게 개인 과외 또는 레슨을 받고 있다.

공유공간에 비치된 공용물품은 디자인과 품질 면에서 주로 우수한 제품들이다. 가령 부엌에서 사용하는 식기 하나를 사더라도 공간 콘셉트에 맞는 그릇을 비치하기 위해 장인이 만든 수제품을 사고, 거실에 놓인 테이블도 공간 콘셉트에 어우러지는 테이블을 두기 위해 고급 원목 테이블 또는 수입 테이블을 사용한다. 이는 앞서 언급했듯 공유공간을 소중히 여기는 공동체의 특성 때문이기도 하고 개인이 구매하기엔 턱없이 비싸지만 함께 구매하면 개인 부담이 줄어드는 효과 때문이기도 하다.

2

입주자에게 묻다

인터뷰 1

당당한 혼자가 되는 새로운 길

자기소개를 해주세요.

마흔한 살이고 은공1호에 거주한 지 6년 차입니다. 결혼해서 아들 하나, 딸 하나를 키우고 있습니다. 데이케어센터에서 근무하는 워킹맘입니다.

입주하기 전에는 어떤 주거 형태로 살았나요?

처음엔 4인 가족이 경기도 화성의 아파트에서 살았습니다. 그러다 아이들 공동육아가 필요하고 저도 오늘공동체 친구들 가까이에 지내고 싶어 공동체가 서울 회기동에 있을 당시에 그 근처 빌라로 이사해서 살다가 은공1호에 입주했습니다.

은공1호에서 지내면서 기억에 남는 일이 있나요?

　　같은 2부족 윤희 오빠가 주중에는 직장 때문에 회사 기숙사에서 지내는데, 오빠 생일에 혼자 있을 오빠를 위해 부족원들이 조촐한 과자 케이크를 마련해 영상통화를 하며 축하한다고 전했습니다. 오빠가 우리 모습에 울컥해 얼굴을 못 들었고 화면을 통해 오빠 마음이 그대로 느껴져 감동이었습니다. 다른 부족 사람들도 하나둘 모여 많은 사람이 축하를 전했던 그때가 기억에 남습니다.

　　그것 말고도 소소하게 행복한 순간들이 많습니다. 밥을 먹고 산책할 때 혼자가 아닌 늘 누군가와 함께해서 든든합니다. 또 일상에서 별거 아닌 일로 사람들이 나를 찾을 때 행복합니다. "누나, 단추 달아주세요." "언니 배고파. 밥해 먹자." "선영아, 놀러 가자." 주로 이런 말들을 하며 저를 찾아줍니다. 내 곁에 함께해주는 것만으로도 따뜻하고 삶에 힘이 되는 사람들입니다.

은공1호에서 가장 좋아하는 공간이 어디인가요?

　　생각나는 공간이 많아서 꼽기가 어렵습니다. 조용히 책 읽고 쉬고 싶을 때는 공감카페, 밤하늘을 보고 싶을 때는 옥상 밀짚 의자, 널브러져 있고 싶을 때는 3부족 소파, 설레고 싶을 때는 게스트하우스에 갑니다.

선영은 한 달에 두 번 아크릴화를 배운다.
흰 캔버스에 다양한 색으로 그림을 그리듯 자신의 일상도
다양하게 채색하고 있다.

주부의 입장에서 은공1호에 들어온 이후 가장 큰 변화가 무엇인가요?

　　은공1호에 들어와 보통 주부가 누릴 수 없는 퇴근 후의 삶을 갖게

되었습니다. 육아와 가사노동에서 해방되어 그 시간만큼 여가시간을 보

냅니다. 운동(요가, 헬스), 문학(책모임), 댄스, 음악(첼로, 보컬), 꽃꽂이, 아크

릴화, 꿈모임 같은 배움의 여가활동입니다.

처음에는 다양한 모임에 참여하면서 함께하는 즐거움과 소통의 맛을 알았습니다. 이후에는 내가 무엇을 좋아하는지 고민하게 되었고, 내 관심 분야들을 하나씩 배우며 취미가 다양해졌습니다. 내가 좋아하는 것을 찾고, 찾은 것을 익히고, 배운 것을 활용하는 시간과 기회가 주어지니 삶이 풍요로워졌습니다. 윤택해진 삶은 마음에 여유를 주고, 함께하는 즐거움은 생활에 에너지를 줍니다.

가장 놀라운 일은 많은 사람들 속에서 살지만 역설적으로 내 자신에게 오롯이 집중할 수 있다는 점입니다. 누구의 아내, 누구의 엄마가 아닌 온전히 내 자신으로 내 삶을 삽니다. 혼자 여행도 가고 혼자 영화도 보며 자유로운 여가시간을 즐깁니다. 혼자 살았을 때 어쩔 수 없이 혼자만의 시간을 가질 때와는 차원이 다릅니다. 언제든 함께할 사람들이 있다는 믿음이 든든한 버팀목처럼 안정감을 줍니다. 내가 누구인지 알아가며 내가 소중한 존재라는 확신을 얻습니다. 혼자 있어도 외롭지 않고 진정 나를 탐구하고 즐기는 상태의 내가 된 것 같습니다. 은공1호가 내 삶에 들어왔기에 가능한 일입니다. 이곳에서 나는 세상에 단단히 설 수 있는 법을 배우고 있습니다.

성욱

인터뷰 2

사이좋은 부부로 거듭나는 법

자기소개를 해주세요.

40대 남자, 기혼, 직장인입니다. 2004년에 오늘공동체 활동을 시작했고, 2017년 은공1호가 완공되었을 때 아내와 함께 입주했습니다. 입주 전에는 경기 군포시에 있는 아파트에 살았고요.

어떻게 은공1호에 입주할 결심을 하게 되었나요?

같이 살자는 제안은 오늘공동체 내에서 몇 번 있었습니다. 은공1호 입주 몇 년 전, 경기도 남부권에 거주했던 세 가정이 모여 살자는 얘기가 있었습니다. 실제로 어느 정도 진행되기도 했습니다. 화성 정남면에 집도 보러 가기도 했지만 결국 저의 반대로 무산되었지요. 여러 이유로 함께 살기는 어렵겠다고 얘기했습니다. 특히 아내와 저의 출퇴근이 어려워진다는 점을 강조했습니다. 하지만 진짜 이유는 따로 있었던 것 같습니다. 사람들과 같이 살면 나만의 시간 그리고 혼자만의 공간이 사라질 것이라는 불안함이 있었고, 나 혼자만의 시간과 공간이 다른 무엇보다 꼭 필요한, 반드시 지켜내야 할 소중한 것으로 여겨졌습니다.

　오랫동안 공동체 생활을 해오며 머릿속으로는 알고 있었을 것입니다. '함께 살면 좋지!' '더 행복해지겠지!' 하고요. 그렇지만 함께 사는 일이 현실로 다가왔을 때 저는 함께 사는 선택을 하지 못했습니다. 머리로는 이해한 것을 왜 실천하지 못했을까? 그때 같이 살기를 희망했던 다른 사람들은 나와는 다른 생각이었겠지? 함께 사는 것에 대해 기대하는 마음이 컸을 텐데…. 나는 왜 그들처럼 생각할 수 없었을까? 시간이 지날수록 이런 질문들이 계속 머릿속에 맴돌았고, 어느 정도 답을 알고 있었음에도 행동할 수 없었던 것이 마음에 걸렸습니다.

　멘토와 상담을 계속하며 저의 성격이나 성향, 내면의 문제를 알아갔습니다. 그리고 깨달았습니다. 내가 지키고자 했던 나의 시간과 공간, 양보하기 어렵게 느껴진 나의 영역이 그다지 중요하지 않다는 걸요. 공동체에서 사람들과 관계 맺고 교감하는 것의 즐거움을 알게 되면서 나만의 영역이라는 건 큰 의미가 없었습니다. 행복을 추구하는 것을 삶의 의미로 본다면, 확실히 혼자 있는 것보다 사람들과 함께 있는 것이 더 즐겁거든요. 상담 이후 공동체 사람들과 함께 있는 시간이 즐겁고, 따로

사는 것보다 더 좋고 행복할 것이라는 확신이 생겨서 은공1호 입주 제
안에는 크게 망설이지 않고 지원했습니다.

오랜 고민 끝에 공유주택에서의 삶을 선택한 것인데, 실제로 살아보니 어떤가요?

정확히 얘기하면 반만 공유주택에서 사는 셈입니다. 평일에는 회
사 근처 아파트에서 혼자 지내고, 주말에만 아내와 공동체 사람들이 있
는 은공1호에 옵니다. 금요일 밤부터 일요일 밤까지만 은공1호에서 생
활하기 때문에 이틀이라는 시간에 많은 것을 하느라 바쁩니다. 주중에
만나지 못한 부족원들과 밥 먹고 이야기 나누고, 활동하는 동아리 아카
펠라 그룹 및 밴드에서 연습을 하다 보면 어느새 일요일 밤입니다. 물론
매일 은공1호에서 생활하는 사람들보다 양적인 측면에서는 적겠지만,
사람들과 함께 살아가는 즐거움을 느끼기에는 부족함 없는 시간이라
생각됩니다.

월요일에 출근하면 활기 가득했던 주말이 떠오릅니다. 나를 반기
고 아껴주는 사람들과 얘기하고, 웃고, 활동을 같이한 그 시간이 일상을
유지하는 큰 에너지가 됩니다. 퇴근을 기다리듯 은공1호에 갈 주말을
매일 설레며 기다립니다.

주말부부로 사신다는 말씀이죠? 부부관계에도 변화가 있을 것 같은데요.

은공1호 입주 전에는 길지는 않더라도 매일 보긴 했으니, 주말에
만 보는 지금과는 많이 달랐지요. 그때는 아무래도 둘만 보내는 시간이

\# 주말에 은공1호에 오는 성욱은 토요일마다
밴드와 아카펠라 연습 모임에 참여한다. 사진은 음악회에서 공연하는 모습.

많다 보니 일상에서 서로에 대한 기대치가 지금보다 높았습니다. '나에게 집중해줘.' '관심 가져줘.' '옆에 있어줘.' 같은…. 상대가 나에게 시간을 더 내주고 무언가를 더 해주기를 바라는 마음이 지금보다 컸어요. 이 공간에 나 아니면 너밖에 없으니까, 정서적인 필요를 눈앞에 있는 사람에게 요구한 거죠. 애착이 더 강한 사람은 불만이 생기기 쉬웠고, 상대방은 그런 기대에 부담과 피로를 느꼈습니다. 감정을 드러내지 않으려는 의지의 끈은 무심코 던지는 말 한마디나 순간의 표정만으로 와르르 무너져내리니까요.

은공1호에 입주하고 정서적 교류의 대상이 다수로 확대되자 우리 부부는 서로에게 덜 기대하고 덜 집중하게 되었습니다. 같이 사는 사람들로부터 더 큰 채움을 얻었습니다. 서로에 대한 의존과 애착이 자기 자신 및 더 많은 사람에 대한 사랑으로 승화되었다고 할 수 있습니다. 긍정적인 변화죠.

은공1호의 삶에 만족하시나요?

입주 후, 그동안의 고민과 걱정은 기우였음을 금방 알게 되었습니다. 식탁에 모여 작게라도 뭔가를 만들어 먹거나, 한 주 동안 있었던 일들을 이야기할 때처럼 함께하는 작은 시간들이 큰 만족감을 줍니다. 한 사람 한 사람이 온 힘을 다해 서로를 섬기고, 좋은 관계를 위해 끊임없이 노력하는 이곳에서 함께 사는 것 자체가 감동입니다.

인터뷰 3

부모도 아이도 윈윈하는 전략

자기소개를 해주세요.

안녕하세요. 저는 두 딸아이를 둔 엄마이자 맞벌이하는 직장여성입니다. 직업은 신경과 전문간호사이며, 2020년 간호학 박사를 취득했습니다. 2012년경 개인적인 고민과 육아의 힘겨움으로 오늘공동체 대표님과 상담을 시작했고, 현재는 은공1호에서 함께하는 삶에 많은 행복을 느끼며 지내고 있습니다.

입주하기 전에는 어떤 주거 형태로 살았나요?

입주 전에는 아파트에 살았습니다. 결혼 11년 차였고, 전세대출을 받아 32평 아파트에서 한 가족이 살았습니다. 친정어머니가 함께 살며 아이들을 돌봐주셨습니다.

은공1호에 살면서 무엇이 가장 달라졌나요?

　저는 직장 스트레스가 많습니다. 퇴근하고 집에 오면 지쳐서 늘어져 있거나 TV 드라마를 보면서 시간을 보냈습니다. 반드시 해야 하는 일만 하고 다음 날 근무를 위해서 일찍 잠자리에 들려고 했습니다. 생계를 위해 회사 갔다가 집 치우고 애들 돌보고 쉬고…. 이 생활을 반복하는 데서 크게 벗어나지 못했습니다. 직장 생활과 가족 챙기기 말고는 제 삶을 채워주는 것이 없다 보니 점점 지쳐갔고 무기력해졌습니다. 때로는 무의미하게 보낸 시간이 아쉽게 느껴져 새로운 일을 시도하려고 해도 피곤해서 얼마 못 가 그만두곤 했습니다.

　이런 생활이 은공1호에 살면서 달라졌습니다. 영어회화 스터디, 요가, 아크릴 모임, 영화 모임 등 나를 위한 시간을 갖기 시작하니 회사와 가정에만 머물던 저의 삶이 여러 취미활동으로 채워졌습니다. 한집에 사는 사람들과 부담 없이 같이하는 활동들이 삶을 윤택하게 하고 저를 행복하게 만들었습니다. 사람들과 더 친밀해지면서 기쁜 상황에서 함께 웃고, 슬픈 상황에서 함께 울며 살아갈 수 있는 삶이 감사하게 느껴졌습니다. 그러다 보니 회사에서 느끼는 스트레스와 피로감도 감소되었고요.

　반면 혼자만의 시간을 누리며 여유를 찾기도 합니다. 저는 도서관 분위기를 좋아하는데, 은공1호에 그런 곳이 있습니다. 3층 다락에 있는 '별빛책방'은 소설책과 손쉽게 읽을 수 있는 만화책이 가득한 곳입니다. 빼곡히 가득 찬 책들 사이에서 한 권을 뽑아 들고 푹신한 일인용 소파에 깊숙이 기대어 앉아 독서를 하고 있노라면 마음이 참 평온해집니다. 저는 그곳에서 낮에는 창문 너머로 들어오는 따스한 햇볕과 멀리 보이는 도봉산 뷰를 즐기기도 합니다. 책을 읽다가 게으른 낮잠을 자거나 조용히 명상에 젖어 무념의 상태에서 머리를 비우는 것도 꿀맛입니다. 바쁜 주중의 삶을 잊고 몸과 마음이 힐링되는 공간입니다.

아이들은 어떤가요? 은공1호에 들어와 잘 적응하고 있나요?

많은 부모들이 자신의 아이들을 볼 때 바로잡아주고 싶은 행동이 있을 것입니다. 저 또한 아이가 게으름을 피우거나 인내력이 없어 보이는 행동을 하면 잔소리를 하고 훈육을 하기도 했지만, 저에게나 아이에게나 스트레스였습니다.

그러나 은공1호에서는 모두가 부모입니다. 아이가 좋은 습관을 갖도록 조언과 점검을 해주기도 하고, 아이에게 적합한 훈련을 시키기도 합니다. 예를 들면, 저희 둘째 아이는 아침에 늦게 일어나는 습관이 있었습니다. 알람을 맞춰놓아도 알람시계를 끄고 다시 잠을 잤고, 잠을 깨우면 힘들어하면서 일어났습니다. 일찍 잠자리에 들라고 말해도 잘되지 않았습니다. 그런데 대안학교 선생님인 설이 밤 11시에 반드시 자야 하는 훈련을 시켰습니다. 그때부터 아이는 11시에 잠자리에 들기 위해 해야 할 일을 최대한 집중해서 빨리하게 되었고, 아침에도 스스로 알람을 맞춰 일어나는 자립심이 생겼습니다. 함께 고민하고 함께 양육하기 때문에 얻어지는 아이들의 변화이자 성장인 것 같습니다.

가족끼리만 시간을 보내고 싶다는 생각이 들 때는 없나요?

이곳에 살면서 가족만의 시간이 부족하다고 느낀 적은 없습니다. 입주 전 넷이 살 때와 비슷합니다. 주중에는 각자 바빠 자기 전에 잠시 얼굴 보는 정도고, 주로 주말에 함께 시간을 보냅니다. 다 같이 집에 있기도 하고, 산책 가거나 외식하기도 하고, 카페에 가서 책을 보기도 합니다. 조금 더 특별한 시간을 원하면 여행을 계획합니다. 공유주택에 사는 것이 가족과 시간을 보내는 데 어려움이 되는 부분은 딱히 없는 것 같습니다.

'가족'이라는 질문을 하셔서 한 가지 덧붙이고 싶은 말이 있습니다. 저는 이제까지 가족의 의미를 단순하게 혈연관계라고 생각하며 살았습니다. 이런 관점에서 입양을 대단한 일이라고 여겼습니다. 그런데 공동체로 살아가면서 가족의 의미를 더 크게 바라보게 되었습니다. 같이 살고 성장하며, 힘든 일 기쁜 일 나누고, 마음을 열어 소통하는 관계로 말입니다. '사회적 가족'이라고도 불리는 확장된 개념으로요.

SBS에서 2012년에 제작·방영한 다큐멘터리 〈SBS 스페셜〉 '최후의 제국' 4부(공존, 생존을 위한 선택)에서 솔로몬제도의 아누타섬에 사는 한 부족의 삶을 본 적이 있습니다. 바깥세상은 자본주의의 폐허 속에서 가족의 의미가 망가져가지만, 아누타섬 부족 사람들은 나눔의 가치를 실천하면서 공존하는 삶을 살고 있었습니다. 아이가 태어난 걸 축하하는 것에 그치지 않고 산모가 회복하도록 정성을 다했습니다. 먹을 것을 균등하게 나눠 먹고, 바다 수렵에 나간 아버지를 잃은 아이를 자기 아이처럼 키워갔습니다. 삶의 마지막 순간에는 함께 애도하며 떠나간 사람과의 추억을 기리는 모습을 보며 감동이 크게 밀려왔습니다. 가족의 의미를 새로 깨우친 계기였죠.

은공1호는 미선 님에게 어떤 의미인가요?

이곳에 살면서 재미있고 행복한 순간들이 참 많습니다. 그 수많은 시간 중 '공동체로 함께 살아가는 것'에 특별하게 감동과 감사함을 느낀 상황이 있었습니다. 마흔 살 넘어 건강 문제로 제 삶에서 가장 나약해진 때였습니다. 눈에 불편한 증상이 생겼습니다. 눈썹 주위 근육에 힘이 들어가 눈을 뜨기 어렵고, 눈꺼풀에 힘이 없어 눈이 계속 감기는 증상이었습니다. 눈을 뜨려면 눈썹 근육과 이마 근육을 이용해 들어 올려야 해서 근육에 피로감이 계속 쌓였고, 힘이 들었습니다. 신경과 검진 결과 '안구성 중증성근무력증'에 '근긴장이상증'이 생겼다고 했습니다.

나이가 들어가면서 병이 하나둘 생기는구나 싶으며 슬펐습니다. 또한 혹시라도 내가 먼저 죽으면 남겨질 가족은 어쩌지 하는 불안감이 엄습했습니다. 아직 부모의 도움이 필요한 아이들을 남편 혼자 키운다는 것은 큰 부담이 될 것이고, 아이들은 또 어떻게 될까 최악의 상황까

지 걱정이 되었습니다.

　그러나 황망스러운 마음을 가라앉히고 생각해보니 곁에 있는 사람들이 떠올랐습니다. 제게는 남편과 아이들을 포함해 함께 살아가는 더 넓고 안정적인 가족 테두리가 있었습니다. 아이들은 제가 없어도 지금처럼 은공1호의 이모 삼촌들 속에서 살아갈 것입니다. 그렇게 생각하니 누구나 언젠가는 맞이하게 될 '죽음'이라는 것도 한 가족의 삶의 위기가 아니라, 삶의 여정에서 행복하게 지내다 맞이하게 될 순간이라고 여

부모가 행복하면 아이도 행복하다. 미선이 행복해지면서 아이들은 더 행복해졌다.

겨졌습니다.

삶의 가장 큰 고통은 '미래에 대한 불안'인 것 같습니다. 한 가정 안에서 있을 수 있는 대표적인 불안이 건강에 대한 불안, 경제적 어려움에 대한 불안이겠죠. 그러나 공유주택에서 한 가족처럼 살아간다는 것은 부모에게 예기치 못한 상황이 오더라도 자녀가 건강하게 자라는 것이 가능하다는 다른 말입니다. 그러하기에 제가 공유주택에 살면서 부모로서 불안을 덜어내고 안정을 느끼는 만큼, 부모로서 짊어지는 삶의 무게도 가벼워지는 것 같습니다.

인터뷰 4

더 큰 가족을 갖길 원한다면

자기소개를 해주세요.

오늘공동체에 2002년에 첫발을 디뎠고, 은공1호가 세워진 뒤로 룸메이트와 4부족에서 살고 있습니다.

입주하기 전에는 어떤 주거 형태로 살았나요?

입주하기 전 5년 동안 싱글 여성 네 명이 함께 살았습니다. 네 사람은 각자의 다른 필요로 모였습니다. 그때 저는 로스쿨 1학년 재학 중이었고 학업 때문에 학교 주변에서 자취할 공간이 필요했습니다. 당시 저를 제외한 친구 세 명 역시 이사를 해야 하는 상황이어서 같이 살기로 하고 준비하고 있었는데, 저는 뒤늦게 이 소식을 접하고 합류하게 되었습니다.

룸메이트와는 사이가 좋나요?

지금 룸메이트는 은공1호에 들어오기 전, 싱글 여성 네 명이 살 때 같은 방을 쓰던 사이입니다. 언니는 진지하고, 저는 좀 개구진 면이 있습니다. 어느 때는 저의 개구진 면이 즐거운 순간이 되기도 하지만, 제가 장난을 너무 심하게 치면 언니가 제어를 해줍니다. 잘 맞는 편이죠. 또 둘 다 대화를 즐기고 좋아합니다. 잠깐이라도 서로의 하루를 묻고 답하는 시간이 일상 속 단비입니다. 그런데 둘 다 무심하다고 생각될 만큼 서로에게 독립적이기도 합니다. 서로에게 관심이 있지만 '네가 나에게 이 정도는 해줘야지.'라고 기대하지는 않습니다.

언니와의 관계가 처음부터 지금처럼 안정적이고 좋았던 것은 아닙니다. 각자가 자신을 성찰하고 성장하기 위해 노력하는 과정이 있었습니다. 문제가 생기면 솔직하게 마음을 나누되 공격하지 않았습니다. 상대방이 불편하다고 한 일에 적극적으로 사과하고 더는 불편해하는 행동을 하지 않으려 했습니다. 자신을 성장시켜 나가는 노력을 멈추지 않는 언니가 멋있다고 생각합니다.

혼자 있고 싶을 때는 어떻게 하나요?

방에서 책을 보거나 쉽니다. 스트레스가 쌓이고 환기가 필요할 때는 혼자 여행을 가기도 합니다. 은공1호에서 개인적인 작업을 할 때 누군가 말을 걸면 집중해서 할 일이 있다고 양해를 구합니다. 혼자 있는 시간을 방해하는 사람이 없기 때문에 혼자만의 시간을 갖지 못하는 경우는 거의 없습니다.

아이들도 돌보아야 해서 부담스럽진 않나요?

저는 아이가 없기 때문에 은공1호에 들어올 때 아이들에 대한 걱정이 있었습니다. '나를 귀찮게 하지 않을까? 너무 시끄럽지 않을까? 피곤하지 않을까?' 아이들과 살아본 경험이 없어서 예측도 어려웠습니다. 그런데 살아보니 아이들이 주는 행복감이 컸습니다. 아이들을 돌보는 시간도 여럿이 분담하니 부담될 만큼 길지 않고요. 아이들이 자라 청소년이 되면 친구 같은 느낌이 듭니다. 이곳에서 그 나이에 가장 행복한 순간을 보내며 커가는 아이들을 보고 있노라면 아이들에게 행복을 선물했다는 생각에 보람과 기쁨이 차오릅니다. 제가 어릴 적에는 누릴 수 없었던 것이기에 더욱 뭉클한 감동이 있습니다.

은공1호에 와서 새롭게 겪은 경험이 있을까요?

은공1호가 세워지고 나서 공동체가 갖는 경험이 더욱 다채로워졌습니다. 그중 한 가지를 꼽자면 이웃과의 관계입니다. 은공1호가 지어질 당시에 안골마을 이웃들의 반대가 무척 심했습니다. 구청에 민원을 넣기도 하고, 정체 모를 사람들이 이사 온다며 이곳에 터 잡고 사는 어르신들 중 대놓고 불쾌감을 표시하는 분도 있었습니다. 그래서 안골에 들어올 때 과연 이분들과 좋은 관계를 유지할 수 있을까 두려웠습니다. 저희를 잘 모르면서 이유 없이 미워하시는 것 같아 억울함도 있었고요.

저희는 입주한 이래로 조금씩 이웃들과 관계를 터가는 노력을 했습니다. 기회 있을 때마다 유치 아이들이 이웃을 찾아가 떡을 돌리거나 음식을 나누고, 옆집에서 김장을 한다거나 일손이 필요할 때 적극적으로 찾아가 돕고, 안골마을 가장 큰 행사인 마을대감제 때에도 공동체원 다수가 함께했습니다. 이웃 어르신들을 초대해 저녁 만찬을 대접하기도 했습니다. 도봉구청에서 주관하는 마을 축제도 공동체의 일로 여기고 열정적으로 참여했습니다. 저희는 결성된 공연팀이 여럿 있어서 풍성한 축제를 만들 수 있었습니다.

이제는 이웃 분들이 저희를 보면, 젊은 사람들이 동네에 많이 돌아다니니 좋다며 미소를 지으시고 반가워하십니다. 저녁 만찬에 초대받아 오신 어르신들은 살면서 언제 이런 음식을 먹어보겠냐며 연신 고마워하시고 이런 자리를 많이 만들어달라는 말씀을 하셨습니다. 마을 축제에 참가한 이래로 저희는 마을 행사에 빠질 수 없는 일꾼이 되었습니다. 마을 어르신들이 한마음으로 저희를 미워하셨던 것이 처음에는 어려웠지만, 관점을 바꿔보니 안골마을은 다른 지역과는 달리 이웃 간에 대화가 있기에 그런 일도 가능했구나 이해되었습니다.

마을의 예쁨둥이가 된 지금은 어르신들이 똘똘 뭉쳐 예뻐해주시는 마음을 받기 바쁩니다. 아이들이 사랑받고 공동체를 환영해주는 이웃들이 있는 따뜻한 시골 마을 같은 곳, 도시에서만 자란 저에게는 최초의 경험입니다.

은공1호에 살면서 바뀐 점은 무엇인가요?

　　은공1호에서 살아보니 '가족'은 '서로의 필요와 행복을 위해 노력하는 관계'라는 생각이 듭니다. 일례로 제가 사는 4부족에서 있었던 일을 이야기하고 싶습니다. 4부족 구성원 가운데 침대를 놓고 싶어 하는 두 사람이 있었습니다. 같은 방을 쓰는 분들인데 두 분 다 한부모가정의 엄마입니다. 미성년 자녀를 두 명씩 부양하고 있어 생활비가 넉넉지 않다 보니 최대한 저렴한 침대 매트리스와 침대 틀을 구입하려고 했습니다. 침대 틀은 수납 가능한 것을 원했는데, 비용을 고려할 때 그중 방에 어울리는 틀을 찾는 게 어려웠습니다. 사실 4부족 다른 방에 비치된 침대와 침대 틀이 적합했는데 가격이 비싸서 두 분은 살 수 없는 형편이었습니다. 이 사정을 안 저희 부족원들과 몇몇 뜻있는 분들이 두 분 모르게 돈을 모아서 그 침대 틀을 선물했습니다.

　　돈을 모으자는 이야기가 처음 나왔을 때는 침대 틀 살 돈이 다 모일 거라 생각하지 못했습니다. 구입비의 일부를 모금해서 두 분에게 전달하고, 부족한 부분은 두 분이 보태서 사면 되겠다 싶어서 시작했습니다. 금액은 자발적으로 정하기로 하고 기부를 받았는데, 이틀 만에 침대 틀을 살 수 있는 돈이 다 모여서 바로 침대 틀을 사서 선물할 수 있었습니다. 저는 이 과정을 지켜보면서 공동체원들의 따뜻한 마음을 가득 느낄 수 있었고 문득 행복한 감정이 밀려들어왔습니다. 서로 별다른 말을 주고받지 않았지만 모두 같은 마음이었을 거라고 생각합니다.

가족은 자발적으로 맺어진 것이 아니라 생물학적인 관계이기 때문에 떼려야 뗄 수 없는 관계로 표현하기도 하잖아요. 이 요소가 서로를 끈끈하게 만들기도 하지만 어차피 뗄 수 없는 관계이니 서로를 함부로 대하는 요인이 되기도 합니다. 그래서 가족이지만 서로 원수 같은 관계가 되기도 하고요. '나는 너와 함께하는 동안 너의 행복을 위해 살아갈게.'라는 의지와 선택으로 맺어진 관계는 갈등이 있더라도 치열한 자기성찰과 상대방을 향한 배려로 문제를 해결하고 서로를 돌보며 행복하게 살 수 있습니다. 이러한 관계가 진정한 가족의 모습이지 않을까 생각합니다. 저는 매일 은공1호의 가족 일원이 되는 선택을 하는 중입니다.

결혼한 뒤에도 공유주택에서 살고 싶나요?

네, 그렇습니다. 둘만 사는 것보다 부부가 공동체와 함께 살 때 삶이 더욱 풍요로워지고 부부간의 관계가 건강해지는 것을 간접적으로 경험하고 있습니다. 서로가 채워줄 수 없는 부분을 공동체가 메꾸어주고 서로에게만 매이지 않고 많은 관계 속에서 다양한 활동을 하며 살아갈 수 있습니다. 아이가 있다면 두말할 필요가 없습니다. 공동체 전체가 아이를 키우고 아이들은 타인과 더불어 살아갈 수 있는 사람으로 자라납니다. 모두가 내 아이다라는 생각으로 아이를 대하기 때문에 아이에게 이보다 안전한 공간은 없습니다.

저는 퇴근 후 은공1호를 어슬렁거리며 돌아다니곤 합니다. 이유는 누가 어디서 맛있는 것을 먹고 있나 확인하기 위해서이기도 하고, 누가 집에 있나 아이들은 뭐 하고 있나 궁금해서입니다. 누가 어디서 맛있는 것을 먹고 있으면 지나치지 않고 숟가락을 얹는 편인데, 공동체원들은 그런 저를 보면 어떻게 알고 찾아왔냐며 신기하다고 감탄하곤 합니다. 제가 자주 이용하는 공간이 있기는 하지만, 장소와 상관없이 사람들이 모여 있는 공간이 좋습니다. 은공1호에는 사람이 모여 있는 공간이 항상 있습니다. 은공1호가 주는 풍요입니다.

좋아하는 사람들과 함께 먹고 마시고, 놀고 나누는 삶을 살고 싶습니다. 은공1호는 이것이 가능한 공간입니다. 그래서 결혼한 뒤에도 은공1호를 떠나고 싶지 않습니다.

속속들이 알고 싶은 공유주택에 관한 Q&A

혼자 먹고 싶을 때는 어떻게 하나요?

혼자 먹어도 됩니다. 자신의 취향대로 음식을 준비해서 먹을 수 있습니다. 하지만 대체로 혼자 먹을 때보다 같이 나눠 먹고 맛을 공유하는 기쁨이 더 커서 1인 분량보다 넉넉히 준비해서 나눠 먹으려고 합니다. 다른 사람이 만든 음식이나 다른 사람이 배달시킨 음식을 맛보고 싶을 때는 먹어봐도 되는지 허락을 구합니다. 허락 없이 먹는 것은 불편함을 줄 수 있기 때문입니다.

영상 볼 때 채널 결정권은 누가 갖나요?

은공1호에는 TV가 없습니다. TV 시청이나 영상물을 보기보다는 서로 대화를 많이 하자는 취지입니다. TV 프로나 영상을 봐야 할 경우는 3층 3부족 거실이나 지하 씨앗홀의 빔프로젝터를 이용합니다. 3부족의 빔프로젝터는 평소에도 자유롭게 이용하고 있습니다. 무언의 규칙이라면 '먼저 보는 사람이 임자다.'라는 것입니다. 다만 특정 시간을 이용해 영상을 보고 싶은 사람은 전체가 모여 있는 카톡방에 같은 시간에 이용하고 싶은 사람은 없는지, 함께 보고 싶은 사람은 없는지 미리 묻고 이용 시간을 예약해둡니다.

공용물품으로 지금 사용하는 것보다 더 좋거나 다른 걸 사고 싶으면 어떻게 하나요?

물품을 원하는 사람이 자기 부족 전체 혹은 부족장에게 제안을 합니다. 제안은 대부분 수용되는 편입니다. 공용으로 제안하면 공용으로 사용합니다. 공용공간에 개인물품은 두지 않지만 간혹 욕실이나 냉장고에 개인물품을 두고 사용하길 원한다면 물건에 이름을 써놓으면 되고, 이름이 써져 있으면 아무도 사용하지 않습니다.

싸움이나 언쟁이 생기면 해결 방법이 따로 있나요?

먼저 갈등 예방을 위해 합의한 규범이 있습니다. 관계에서 괜한 갈등을 만들지 않기 위한 혹은 서로에게 상처 주지 않기 위한 기본 원칙들입니다. 몇 가지를 소개하면 아래와 같습니다.

- 외모 발언을 하지 않는다.

- 가르치는 말을 하지 않는다.

- 상대방의 말이나 행동을 판단하지 않는다.

- 제3자의 이야기를 하지 않는다. 쉬운 말로 뒷담화하지 않는다.

- 강요(두 번 이상 부탁)하지 않는다.

이것만 지켜져도 상당한 갈등을 예방할 수 있습니다. 그럼에도 갈등은 발생하곤 합니다. 그럴 때는 어떻게 할까요? 여기에도 갈등 해결을 위한 원칙이 있습니다.

①단계

- 갈등을 피하지 않는다. 마음이 어려워질 때 적극적으로 마음을 나누려 애쓴다. 어려워진 마음을 회피하면 할수록 마음이 더욱 어려워지고, 갈등 해결 또한 멀어진다.

- 마음이 어려워진다고 즉각적으로 이야기하지 않는다. 내 마음의 불편함이 어떤 상황에서 비롯됐는지 객관화한다.

- 객관화 이후에도 마음이 어려운 것이 정당하다고 판단이 되면 상대에게 대화를 요청한다. 대화를 나눌 때는 아이메시지(나 전달법)로 마음을 나눠야 한다. 아이(I)메시지란 '나'를 주어로 하여 자신의 생각과 감정을 솔직하게 표현하는 의사소통 방식을 말한다.

이런 과정을 거치면 원활하게 대화를 할 수 있게 되는데, 마지막으로 중요한 과정이 사과와 용서입니다. 이것에도 원칙이 있습니다.

②단계

• 사과를 할 때는 상대방의 어려운 마음을 중심으로 이야기한다.

많은 사람이 사과를 하는 과정에서 내 의도를 덧붙입니다. '네 마음이 안 좋았구나. 미안해. 하지만 내 의도는 이런 거였어.'라는 식으로. 이러면 상대방 마음이 풀린다고 여기는데 착각입니다. 이것은 마음이 어려워진 사람이 상대방의 상황을 이해해야 하는 상황에 처하게 합니다. '내 행동에 네가 이런저런 마음이 들었을 것 같아. 미안해.' 이렇게 사과해야 합니다.

• 사과 이후 용서는 필수다. 상대가 진심으로 사과한다면 반드시 용서해줘야 한다.

이렇게만 된다면 갈등의 대부분은 해결이 됩니다. 오히려 돈독해지기도 합니다. 그럼에도 해결이 안 된다면?

③단계

• 멘토시스템을 활용한다.

오늘공동체원들은 모두 멘토-멘티 관계를 맺고 있는데, 갈등 해결이 안 될 경우 멘토에게 도움을 구합니다. 멘토는 당사자보다 상황을 객관적으로 볼 수 있기에 갈등 해결에 더 도움이 됩니다.

오늘공동체에 '진상'이 있었나요?

오늘공동체 멤버가 되려면 먼저 공동체학교 프로그램을 통해 함께 살아가기 위한 여러 가지 내용들을 배웁니다. 이 과정을 통해 공동체원들은 자신을 알아가고 타인과 행복하게 살기 위해 노력할 부분을 인식하게 됩니다. 이런 과정을 이수해서 그런지 진상으로까지 여겨질 만한 공동체원이 없었던 것 같습니다.

진상, 곧 타가 없는 사람이라면 이 과정을 수료하지 못하거나 시작하지 않았겠지요.

건물 청소를 누가 하나요?

각 부족 공유공간은 부족마다 청소 방법이 다른데, 부족공간을 구역을 나눠 개인에게 주 1~2회 청소할당을 하는 부족도 있고, 정기적으로 주 1~2회 모여 청소하는 부족도 있습니다. 거주공간을 제외한 공용공간―지하 공간, 공용화장실, 계단, 주차장, 옥상, 현관과 현관 신발장, 1층 카페, 옥상 카페, 성큰가든 등―은 공동체원 전체가 당번을 정해 주 1~2회 청소하고 있습니다. 자기가 맡은 구역이 아니어도 공동체원들은 은공1호를 오가며 자발적 섬김으로 청소를 하기에 건물은 늘 청결을 유지합니다.

층간소음 문제는 없나요?

층간소음 문제는 없지만, 층간소음은 있습니다. 특히 아이들의 소리입니다. 다른 층에서 아이들의 왁자지껄한 소리가 들릴 때도 있고 3층의 경우 낮 시간에 옥상에서 아이들이 뛰어놀며 달리는 소리가 들릴 때도 있습니다. 하지만 불편하지는 않습니다. 내 아이가 자유롭게 뛰노는 것이고 행복한 웃음소리가 들리는 것이라 생각합니다.

지인이나 가족이 놀러 오면 어디서 만나나요?

　은공1호는 열린 공간이기에 어디든 이용할 수 있습니다. 원하는 공간에서 만나면 됩니다. 1~4부족 거실 중 원하는 곳에서 담소를 나눠도 되고, 음식을 먹어도 됩니다. 카페를 이용해도 되고요. 지인이나 가족이 숙박을 원할 경우에는 1층 게스트하우스에서 머물 수 있습니다. 누군가의 지인이나 가족의 방문은 내 지인이나 가족이 온 것처럼 반가운 일이고, 자주 놀러 와도 언제나 반갑습니다.

모여 살면서 겪는 어려움은 무엇인가요?

　큰 어려움은 아니었지만 소음 문제가 있었습니다. 3부족의 경우 늦은 밤까지 활동이 활발하다 보니 거실에서 프로젝터 영상 소리나 대화 소리로 새벽까지 시끄러울 때가 많았습니다. 잠을 자야 하는 경우 어려움이 되었습니다. 잠자기 불편하다고 이야기했을 때 바로 배려를 해주어 계속 어려움으로 남지는 않았습니다. 또 매일 새벽 4시만 되면 이웃집 닭이 우는데 은공1호 북쪽 방향의 방들은 여름에 창문을 열어놓고 자면 어김없이 닭 울음소리에 잠을 깨고 다시 잠들어야 했습니다. 이건 어쩔 수 없이 받아들이고 있습니다. 좀 어렵다고 할 수 있는 건 샤워하고 나서 옷을 벗은 채 자기 방 외 다른 곳을 자유롭게 돌아다니기 어려운 점인데, 이제는 옷 입고 나오는 게 많이 익숙해졌습니다.

혼자만의 시간이 필요할 때는 어떻게 하나요?

이곳엔 수많은 공유공간이 있습니다. 사람들이 많이 살긴 하지만 모든 곳이 사람들로 붐비는 것은 아닙니다. 별빛책방, 카페, 공부방 등 원한다면 혼자 있을 만한 공간은 다양하게 있습니다. 이도 싫다면 방에 있으면 됩니다. 하지만 생각보다 혼자만의 시간이 필요 없습니다. 같이 노는 것이 더 재미있으니까요.

부족으로 구분하는 것이 꽤 특이한데 '부족'의 정확한 의미와 그 용어를 사용한 계기나 이유를 소개해주세요.

부족은 큰 단위의 가족이란 의미입니다. 여기서 가족이란 혈연으로 맺어진 것이 아닌 사회적으로 구성된 가족이란 뜻입니다. 가족이지만 일반적으로 생각하는 혈연가족과는 다르기에 부족이라고 했습니다. 여러 단어 중 부족이란 말을 사용한 것은 〈SBS스페셜〉 '적게 벌고 더 잘 사는 법-도시부족의 탄생'이라는 방송을 본 것이 계기입니다. 오늘공동체가 다 같이 모여 살게 된 계기가 된 프로그램이기도 합니다. 방송에는 현재 우리처럼 피가 섞이지 않은 사람들이 모여 사는 인천의 '우동사'(우리동네사람들의 줄임말)에 대한 내용이 한 꼭지로 나왔습니다. 방송에서는 그들을 '도시부족'이라고 불렀습니다.

부족 내 결원이 생기면 어떻게 채우나요? 한번 부족으로 결정되면 부족 간 구성원 이동이 불가능한가요?

부족 내 결원이 생기면 다른 구성원으로 채워집니다. 다른 구성원이란 오늘공동체원이지만 은공1호에 살고 있지 않은 구성원을 말합니다. 은공1호로 들어오고 싶어 하는 구성원은 많습니다. 이 중 논의를 통해 가장 필요한 이에게 우선권을 줍니다.

부족 간 구성원 이동도 자유로운 편입니다. 아이가 청소년이 되어 공간이 부족하거나 결원이 발생하거나 하면 부족 이동이 이뤄집니다. 고3이 되어 공부할 공간이 필요한 학생에겐 부족 중 가장 조용한 편이면서 혼자 쓸 수 있는 방이 있는 4부족에 배치해주기도 했습니다.

따라서 부족의 구성원은 절대적이라 할 수 없습니다. 이것을 경계하기도 합니다. 폐쇄적이고 절대적인 것은 다른 것을 적대시하는 요인이 되기도 해서입니다.

은공1호가 아닌 곳에서 함께 거주하는 오늘공동체 구성원에 대해서도 부족이라고 칭하나요?

그렇습니다. 소속감을 위해서 밖에 거주하는 여러 구성원을 묶어 5부족~7부족으로 구성했습니다.

주택의 소유권은 누구에게 있나요?

주택협동조합 은혜공동체 법인이 소유권을 가지고 있고, 입주민은 조합원이 됩니다. 입주민은 전세나 월세의 형태로 법인과 계약을 맺습니다.

건축 비용과 관리비, 입주비 등은 어느 정도인지 말씀해주세요.

건축 비용은 총 50억 원 정도 소요되었습니다. 관리비는 아파트와 같은 방법으로 비용을 나눠서 냅니다. 입주비는 개인 전용면적, 소득 정도를 감안해 산정됩니다. (자세한 내용은 313~316쪽 참조)

나가고 싶은데 당장 대체인원이 없다면 막연히 기다려야 하나요?

대체인원이 없어도 협동조합에서 입주비를 반환합니다.

은공1호 입주조건이 궁금합니다.

기본적으로 오늘공동체에 속해 있어야 합니다. 오늘공동체는 누구나 들어올 수 있으나 정규 멤버가 되려면 공동체학교 이수가 먼저입니다. 공동체학교는 심리학을 기반으로 자신에 대한 이해와 함께 타와 사회에 대한 이해를 배웁니다. 함께 살아가기 위한 기초 작업을 하는 것입니다. 오늘공동체에 속해 있으면서 함께 살 마음이 있으면 누구나 들어올 자격이 있습니다.

은공1호 방문이나 체험 프로그램이 마련되어 있는지요.

은공1호는 누구든 방문 가능하며 공동체 체험 또한 가능합니다. 구체적인 것은 공동체 내 담당자와 소통하거나 네이버에서 검색하면 연락처를 알 수 있습니다. 페이스북에 오늘공동체를 검색하여 방문하고 싶다는 메시지를 보내도 됩니다.

은공1호에 들어와서 살고 싶은 공동체원들을 위해 제2의 공동체주택을 건축할 계획이 있나요?

현재 은공1호에 살고 있지 않은 분의 대부분은 이곳에 살기를 원하지 않았던 사람들입니다. 이유가 제각각이긴 하지만 공통적으로 개인 공간이 없는 것에 대한 부담감이 있었습니다. 하지만 지금은 대부분이 들어오고 싶어 합니다. 막상 사는 모습을 보니 큰 어려움 없이 행복하게 잘 지내고 있기 때문입니다. 은공1호는 현재 수용 인원이 꽉 차서 은공2호를 준비하고 있습니다.

은공1호는 오늘공동체가 기반입니다. 공동체에 속하지 않은 일반인들도 함께 사는 것이 가능하다고 보시나요?

함께 사는 것은 가능하지만 잘 사는 것은 생각해볼 문제입니다. 많은 공부가 필요하죠. 친한 친구끼리 모이든 비슷한 관심사로 모이든 전혀 모르는 사람이 모이든 공부는 필수입니다. 여기서 공부란 함께 살아가는 법에 대한 공부입니다. 오늘공동체에서도 심리학, 철학 등의 인문학 공부를 함께하며 함께 사는 것의 가치와 그 방법에 대한 공부를 끊임없이 하고 있습니다.

두 번째는 이를 바탕으로 한 시스템 구축입니다. 앞서 말한 외모 발언 금지, 지적 및 판단 금지 등 살아가면서 서로를 보호하는 데 필요한 규칙을 세우는 일이 필요합니다.

세 번째는 마음가짐입니다. 함께 살면서 몸이 편해지는 것을 기대하면 안 됩니다. 마음속에서 쉬고 싶다, 놀고 싶다, 귀찮다라고 올라올 수는 있지요. 충분히 공감합니다. 하지만 그 마음을 이길 줄 알아야 합니다.

은공1호에서 살기 전에 연합가족으로 몇몇 가족이 살았다고 했습니다. 같이 사는 데 있어 함께 사는 인원의 수가 많고 적음은 얼마나 영향이 있다고 생각하세요?

연합가족으로 살 때의 장점은 깊이감입니다. 소수의 인원이 모이다 보니 자주 대화를 하고 그만큼 서로 간 관계의 깊이가 깊어집니다. 은공1호에는 연합가족일 때보다 훨씬 많은 사람이 살고 있습니다. 사람이 많다 보니 각각의 깊이감은 조금 아쉬울 수 있지만 풍요로움에 따른 안정감이 큽니다. 연합가족일 때는 생활 패턴이 서로 다르다 보니 혼자 있는 경우도 많습니다. 크리스마스나 명절 때 누군가 애인이나 가족을 만나러 나가면 그 빈자리가 크게 느껴집니다. 하지만 이곳은 항상 사람이 많습니다. 거기서 오는 풍요로움과 안정감이 있습니다. 또한 다양한 세대와 구성원이 있으니 다양한 삶을 만납니다. 다양성에서 오는 풍요로움도 큽니다.

공유주택에서 살고 싶은 사람이 가장 먼저 준비해야 할 것과 가장 중요하게 생각해야 할 것을 추천해주세요.

가장 먼저 해야 할 일로 여러 공유주택을 탐방하기를 추천합니다. 다양한 공유주택이 있고, 살아가는 법 또한 다르기에 여러 곳을 둘러보다 보면 자신의 길이 보일 것입니다.

가장 중요하게 생각해야 할 것은 섬김입니다. 섬김이라 하면 누군가를 위해 내 시간이나 에너지를 내는 일입니다.